Der jodelnde Japaner

Die Deutsche Nationalbibliothek verzeichnet diese Publikation in der Deutschen Nationalbibliografie; detaillierte bibliografische Daten sind im Internet über http://dnb.ddb.de abrufbar.

Ischi, Takeo
Der jodelnde Japaner
Autobiografie
ISBN 978-3-948696-64-1

Redaktionsleitung: Dr. Matthias Slunitschek
Satz und Gestaltung: Molino Verlag GmbH
Nachhaltig in Deutschland gedruckt.

TAKEO ISCHI

Der jodelnde Japaner

Autobiografie

molino

Inhalt

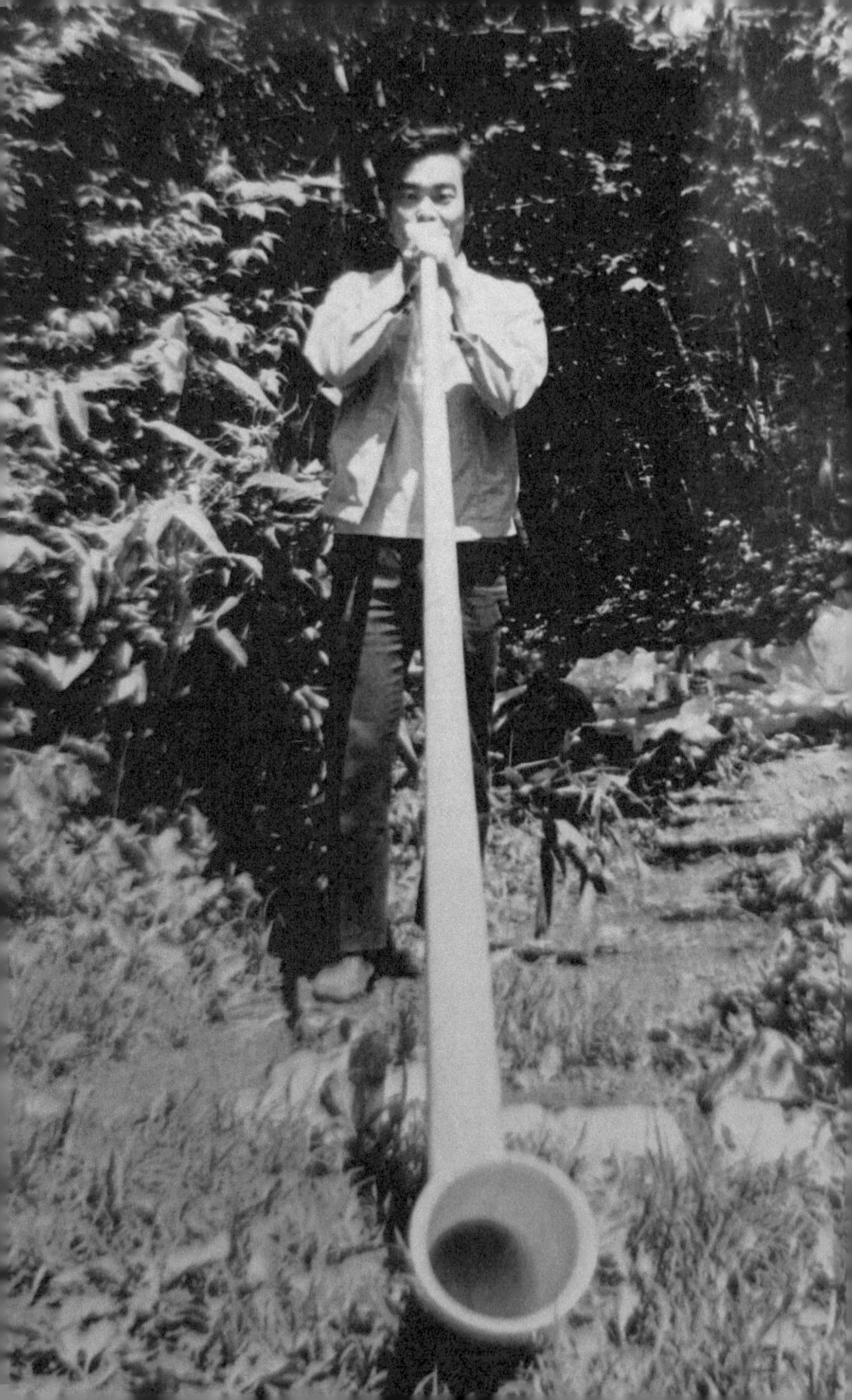

Der Urschrei

Wir alle kommen mit einem Schrei zur Welt und nicht mit einem klugen Satz. Aber in diesem Schrei steckt für mich so viel Weisheit wie nirgendwo sonst. Wenn wir das erste Mal nach Luft schnappen, sich unsere Lunge füllt und wir ganz in der Welt sind, dann zeigen wir der Welt mit unserem Schrei: »Hier bin ich!« Andere behaupten, das bedeutet: »Ich habe Hunger!« Auch gut.

Jedenfalls ist dieser erste Schrei ein sicheres Lebenszeichen. Das begeistert Menschen auf der ganzen Welt. So wie der Schrei des Babys überall verstanden wird, so ist es auch mit dem Jodeln. Es ist egal, auf welcher Seite der Erde du lebst, ob du traditionelle Musik magst oder nicht, ob du alt oder jung bist – wenn jemand jodelt, hörst du hin. Der Jodler geht uns direkt ans Herz. Kein Mensch weiß ganz genau, warum das so ist, aber Jodeln macht Menschen auf der ganzen Welt glücklich.

In Deutschland gibt es ein schönes Sprichwort: »Wo man singt, da lass dich ruhig nieder, böse Menschen haben keine Lieder.« Dasselbe gilt auch fürs Jodeln. Oder wie es Maria und Margot Hellwig gesungen haben: »Die einen jodeln, die anderen singen und alle freuen sich auf der Welt!« Ich habe für alle Menschen auf jedem Kontinent der Erde gejodelt. Nur die Antarktis fehlt mir noch. Sollte ich mal eingeladen werden, in einer Forschungsstation aufzutreten, werde ich das nicht ablehnen. Ich bin mir sicher, dass ich auch am Südpol eine ähnliche Erfahrung machen werde wie auf der restlichen Welt: Menschen werden ein Lächeln auf ihren Lippen haben, wenn ich ihnen einen Appenzeller oder Toggenburger Jodler serviere. Jodeln ist für mich eine wahre Naturkraft. Jede Kultur kennt das Jodeln in einer bestimmten Ausprägung. Und immer ist es dasselbe Prinzip: Wir kombinieren die Kopfstimme mit unserer Bruststimme. Im Übergang entsteht dadurch der sogenannte Jodelschlag. Diese Stimmtechnik produziert damit nicht nur eine Melodie, sondern auch ihren eigenen Rhythmus.

Die Kombination von Kopf und Brust – ist das nicht ein schöner Gedanke? Wo das Herz mit dem Kopf zusammentrifft, da entsteht ein Klang, der allen gefällt. Wir können nicht genau begreifen, was er zu bedeuten hat, aber wir staunen über seine Schönheit.

Jodeln ist also eine Universalsprache, die alle Menschen sprechen. Es ist aber noch viel mehr: eine Naturkraft. Wir hören die Klänge nicht nur beim Menschen, sondern auch bei den Tieren: Bei Kühen, Hühnern oder Eseln. Gut, wer will schon mit einer dummen Kuh, mit einem faulen Huhn oder einem sturen Esel verglichen werden? Darum geht es aber nicht. Nicht der Vergleich mit einem Tier, sondern die Imitation von Natur macht das Jodeln zu einer erhabenen Kunst. Wir imitieren die Natur und beginnen zu begreifen, wie sie sich ausdrückt und wie sie uns wie beim ersten Schrei des Babys zuruft: »Hier bin ich!« Wir müssen der

Natur gut zuhören, damit wir sie achten und ihr den nötigen Respekt verschaffen können.

Ich habe das Jodeln immer sehr ernst genommen, weil ich von dieser Ansicht überzeugt bin: Jodeln ist eine Naturkraft so wie die Gravitation oder der Magnetismus. Jodeln zieht das Glück der Menschen an, ihre Sehnsucht, ihr ganzes Wesen. In ihr drückt sich die Natur auf künstlerische Weise aus.

In meiner Autobiografie werde ich nicht jedes einzelne Ereignis aus meinem Leben erzählen. Ich möchte mehr meine Mission in den Vordergrund stellen: das Jodeln an die jungen Menschen, an die nächsten Generationen weiterzugeben. Mein Leben spielt sich zwischen Japan, der Schweiz und Deutschland ab.

Meine Reise begann mit einer Sehnsucht nach der alpenländischen Musik. Intuitiv habe ich sie geliebt und gelernt. Ich habe mich auf den Weg gemacht, ein anderes Leben zu führen, als es das Schicksal für mich angedacht hatte. Ein Leben wie das meine kann man nicht planen. Rückblickend sieht es konsequent aus, aber es war ein Abenteuer ohne sicheren Ausgang. Ich habe viel Glück gehabt, aber ich habe das Glück nicht nur einmal herausgefordert – vor allem als ich Japan verlassen habe und nicht zurückkam.

Ich lebe seit Jahrzehnten am Ort meiner Träume, inmitten der schönsten Bayerischen Alpen. Hier habe ich meine Frau kennengelernt und meine Kinder großgezogen. Die

Hellwigs haben mich in die Heimat des Musikantenstadls geholt und es ist auch meine Heimat geworden. Meine Autobiografie handelt vom alten Tokio, von der ersten Reise in die Schweiz, davon, wie ich die Stars meiner Kindheit kennengelernt habe und warum ich daran glaube, dass uns nur Geduld und Fleiß voranbringen.

Ich war ein Kind, das Probleme hatte mit dem Lernen. Auch wenn ich in meinem Buch über Fleiß und Durchhaltevermögen schreibe, gebe ich gerne zu: Ich war sehr faul. Die Hausaufgaben erledigte ich fast nie. Der Lehrer – damals waren Lehrer noch sehr, sehr strenge Personen – schimpfte deswegen und ich schämte mich aufrichtig dafür. Trotzdem ging es immer weiter so. Mit einer Ausnahme: Ich war nie faul, wenn es um Musik ging. Ich bin davon überzeugt: Wir müssen wenigstens an einer Sache im Leben wirklich dranbleiben und fleißig sein, dann ist alles in Ordnung!

Das alte Tokio

Ich habe vom ersten Schrei gesprochen. Wann ich meinen getan habe? Es war im Jahr 1947, zwei Jahre nach Ende des Zweiten Weltkriegs. Diese Zeit verband Japan schicksalshaft mit Deutschland. Bereits das preußische Beamtentum war Vorbild des modernen japanischen Staats gewesen. Preußen und Japan profitierten über Jahrzehnte vom Austausch untereinander. Doch die Allianz mit dem faschistischen Deutschland unter Hitler und dem faschistischen Italien unter Mussolini gehört zu den dunkelsten Kapiteln, die ein Mensch in Europa oder meinem Heimatland sich vorstellen kann. Das Ende ist bekannt: Die Atombomben auf Hiroshima und Nagasaki beendeten auf grausame Weise schließlich auch in Asien das Zeitalter eines grausamen Kriegs.

Es war mir ein Herzensanliegen zu Anfang meiner Biografie vom Weltkrieg zu sprechen. Die vielen Einflüsse aus Deutschland, die ich als Kind erfahren habe, haben mich positiv geprägt, auch wenn sie einen traurigen Hintergrund haben. Der blühende Austausch zwischen Deutschland und Japan endete in einer Katastrophe, doch für mich als Kind war das »Made in Germany« nur ein Zeichen für großartige Ingenieursleistung und Kultur.

Als ich drei Jahre alt war, zogen meine Eltern mit uns Kindern nach Ueno, in einen Stadtteil von Tokio, der berühmt für seinen Bahnhof ist. Dort kann man in nördlicher

Richtung umsteigen und Tōhoku erreichen. Diese Region ist 2011 weltberühmt geworden, da hier das größte aller Erdbeben tobte und der Tsunami den Super-GAU von Fukushima verursachte. Dazu werde ich später noch eine Geschichte erzählen.

Als Kind wurde ich jeden Morgen durch die ein- und abfahrenden Züge im Bahnhof geweckt. Es waren noch keine modernen E- oder Dieselloks, sondern klassische Dampflokomotiven, die noch bis Anfang der Siebzigerjahre auf den Schienen Japans fuhren. Bei der Anfahrt stieg der Dampfdruck, dann ein Rauschen, Schnauben und Zischen. Der Rhythmus wurde schneller und schneller.

Als ich bereits Musiker war, verriet mir meine Mutter, dass ich als kleines Kind immer das Geräusch der Lokomotiven nachgeahmt hätte. Vielleicht hat sich bereits darin meine Liebe zur Imitation, zu Rhythmus und Musik gezeigt. Dann waren da noch die Hühner unserer Nachbarn. Wurde ich nicht von der Lokomotive geweckt, dann durch das Hahnengeschrei. Man kann es sich heute kaum vorstellen, aber Tokio war ein Dorf gewesen. Die Kulisse meiner Kindheit stand im krassen Kontrast zur heutigen Hightech-Metropole. Tokio war eher flach und die Skyline unscheinbar. War das die spätere wirtschaftliche Supermacht? Ja, Lokomotiven und Hühnergegacker!

Man fuhr in verrosteten Bussen und fast antiken Autos herum. Ich kann mich noch an die vielen Rikschas erinnern, die es heute in dieser Form gar nicht mehr gibt. Muskelkraft zählte noch etwas. Es standen keine Hochhäuser in der Stadt, nach maximal vier Stockwerken war Schluss. Nur die Kaufhäuser waren etwas größer. Auf den Flachdächern spielten wir Kinder Fangen und Verstecken.

Als ich zehn oder elf Jahre alt war, konnte ich von so einem Dach aus die Baustelle des Tokyo Towers sehen. Dieser japanische Eifelturm wuchs heran auf atemberaubende 332,6 Meter und übertrumpfte damit den älteren Bruder in Paris. Das Vorbild für den Fernsehturm ist unübersehbar, doch er ist rotweiß. Damals war es der höchste Fernsehturm und das zweithöchste Bauwerk der Welt. So wie wir Nachkriegskinder wuchsen, so wuchs auch die ganze Stadt in die Höhe.

Meine Eltern waren weder arm noch reich. Wir hatten ein gutes Auskommen und lebten zufrieden und bescheiden unser Leben. Armut war in der Stadt so sichtbar wie der wachsende Wohlstand. Es gab damals viele Kriegsversehrte, Männer, denen Arme oder Beine fehlten. Bald strich ihnen der Staat die Unterstützung und sie waren auf sich gestellt. Wer nicht arbeiten konnte, musste betteln gehen. Ich wehrte mich oft dagegen, die Mülltonne auf die Straße zu schieben. Zu oft kamen Kriegsopfer und stritten sich um unsere Abfälle.

Wenn wir über das moderne Japan sprechen, dann denken viele an ein Land des Fortschritts. Zu oft wird aber vergessen: Viele Menschen waren damals ständig auf der Suche nach etwas Essbarem. Hinter unserem Bahnhof in

Ueno steht eine Eisenbahnbrücke unter der in der damaligen Zeit viele Obdachlose lebten.

Meine Eltern hatten ein Haus geerbt und einen Hund. Mit dem Hund gingen wir jeden Morgen spazieren und waren oft mit ihm im Park. Er erinnerte mich daran, dass wir glücklich sein müssen über unser Dasein! Ein gutes Leben ist keine Selbstverständlichkeit, sondern ein großes Privileg.

Meine Mutter und mein Vater sahen optisch überhaupt nicht modern aus – sie verkörperten noch eine andere Zeit, das alte Japan. Auch wir Kinder trugen nie Kleidung aus dem Kaufhaus. Bei uns war alles Handarbeit: Meine Tante nähte und stickte alles für uns Kinder. Ging etwas kaputt, setzte sich meine Mutter hin und flickte es. Unsere Kleider wurden vom älteren Bruder zum nächstjüngeren weitergegeben. Etwas Neues gab es nie. Heute bin ich dankbar, diese Wertschätzung für alle Dinge auf der Welt mitbekommen zu haben.

Mein Vater ging in seine Werkstatt und meine Mutter führte den Haushalt. Für den Nebenerwerb holte sie sich Arbeit nach Hause: Einmal musste sie kleine Tüten aus Zellophan sortieren. Dann fing sie an, mit einer kleinen Strickmaschine Pullover herzustellen. Oft half ich ihr bei den vielen Arbeiten zu Hause. Mir machte es Spaß und ich dachte, sie tue es aus Freude. Die Wahrheit war: Vier Kinder mit einem Einkommen großzuziehen, war kaum möglich.

In der Schule waren die Lehrer sehr streng. Vom ersten Schultag an mussten wir Kinder eine Uniform tragen, die uns aussehen ließ wie Marinesoldaten. Wir mussten pünktlich in der Schule sein und dort gruppenweise eintreffen – also nicht alleine oder gar mit den Eltern. Wer verschlief, musste von den Eltern zur Schule gebracht werden.

Die Uhr war das wichtigste Instrument der Erziehung. Alles war zeitlich streng geregelt. Kam man öfter zu spät, bekam man eine saftige Strafarbeit. Vor der ersten Stunde versammelten sich alle Klassen in Reih und Glied auf dem Schulhof. Dann erschien der Rektor, begrüßte uns und gab uns Ratschläge für unser Leben. Ich kann mich aber an keinen einzigen seiner Ratschläge erinnern, obwohl er sie tagein, tagaus streng und bestimmt wiederholte. Es war alles sehr militärisch organisiert. Aber mit Strenge erreicht man nur kurzfristige Erfolge, langfristig und nachhaltig erfolgreich wird nur, was aus Liebe geschieht. Das durfte und musste ich in meinem Leben erfahren. Ich habe bei allen Konzerten und Veranstaltungen nicht nur danach gefragt, ob es mich finanziell voranbringt, sondern ob es mich glücklich macht und ob ich aus Liebe zur Sache handle.

Streng sein war in meinem Fall nicht notwendig. Ich war ein stiller und schüchterner Schüler. Die Lehrer lobten mich und sagten oft zur Klasse: »Nehmt euch ein Beispiel an Takeo, der macht es richtig und hört zu.« So wurde ich gewissermaßen zum Musterschüler. Meine Leistungen waren aber nur durchschnittlich. Ich war ein Einzelgänger und Sonderling und zeichnete und bastelte viel im Klassenzimmer, während die anderen Kinder auf dem Hof Baseball spielten. Das ist die beliebteste Sportart in Japan – vor allem unter Jungen. Ich dagegen entdeckte bereits in der Volksschule meine große Freude daran, bei der Hausarbeit zu helfen: Ich nähte und kochte gerne. Das waren damals Aufgaben, die eigentlich Frauen erledigten: Frauen und Takeo! Die Hausarbeit blieb immer wichtig für mich. Hier hatte ich Zeit zum Nachdenken – und zum Üben.

Ich mit einem Jahr mit meinem ersten Instrument.

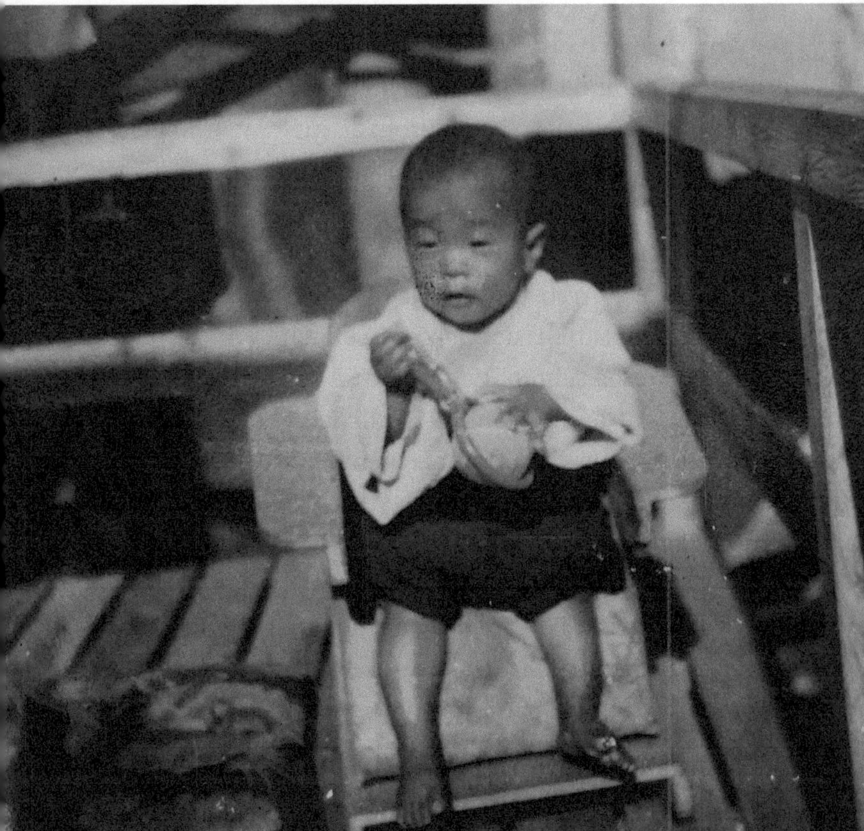

Die Trapp-Familie

Die Amerikaner bauten nach dem Zweiten Weltkrieg einen großen Stützpunkt in Japan. Mehr als 350.000 Soldaten waren dort stationiert. Auf Europäer stieß man hingegen nur selten. Wir Kinder lernten deshalb in der Schule Englisch, während des Weltkriegs und in der Zeit davor lernte und sprach man viel Deutsch in Japan. Damals stammten viele Gebildete, Ärzte und Ingenieure aus Deutschland.

Die Zeiten hatten sich also gewandelt. Vor allem Jugendliche waren sehr in Richtung USA orientiert. Ich erinnere mich gut an das Jahr 1962, als ich gerade fünfzehn Jahre alt geworden war. Die meisten jungen Leute in meinem Alter fuhren total auf die Beatles ab oder waren eben dabei, eine neue Band für sich zu entdecken, die sich The Rolling Stones nannte.

Ich, der Sonderling, stieß wieder auf etwas vollkommen anderes. Ich kann nicht sagen, dass es Liebe auf den ersten Blick war, denn es kam mir exotisch und fremd vor. Es waren befremdliche Klänge, die da aus dem Röhrenradio im Wohnzimmer meiner Eltern in mein Ohr drangen. Klänge, die ich nicht zu identifizieren wusste und die ich in keine mir bekannte Musikrichtung einordnen konnte: das Jodeln. Bis zu diesem Zeitpunkt war ich mit klassischer Musik aufgewachsen, denn meine Mutter – die sehr musikalisch war – kaufte sich Schellackplatten mit dem »Boléro« von Ravel und dem »Türkischen Marsch« von Mozart.

Es brauchte ein bisschen, dann erinnerte ich mich. Ich musste elf Jahre alt gewesen sein – da brach zum ersten Mal mit einem Gewitter die alpenländische Musik in mein Leben ein. An einem Nachmittag, an dem ich keine Schule hatte, nahm meine Mutter mich mit ins kleine Kino um die Ecke. Dort gab es ungemütliche Klappstühle, die eng beieinanderstanden. Aber was dort gezeigt wurde, brachte uns dazu, die Welt um uns herum zu vergessen. Der Film entführte uns nach Salzburg in die Vorkriegszeit. Der deutsche Heimatfilm »Die Trapp-Familie« war ein weltweiter Erfolg, von Nürnberg bis Peru. Und auch für mich war er die Sensation meiner Kindheit.

Der ganze Saal konnte diese Melodien hören, die vor Kurzem auch von den Wiener Sängerknaben auf ihrer Japan-Tournee gesungen worden waren. Das war also alpenländische Musik! So hörte sich die deutsche Sprache an, so sah die Gegend aus, in deren Berge diese Musik entstanden war. Dabei muss ich aber zugeben: So genau wusste ich damals aber nicht, ob das nicht vielleicht doch eher Englisch war. Ich verstand kein einziges Wort Deutsch. Die Handlung konnte ich nur erahnen, die spielt aber auch keine Rolle. Es war klar: Die sieben Halbwaisen können mit ihrem Gesang alles erreichen. Das Lied »Kein schöner Land in dieser Zeit« berührte mich so sehr, dass ich tatsächlich glaubte, was der Text versprach.

Im Nachhinein macht mich der Gedanke unruhig, wie es gewesen wäre, wenn ich als Kind in die Zukunft hätte blicken können: Dann hätte ich mich selbst im österreichischen Fernsehen sehen können, nämlich in der ersten Folge der beliebten Serie »Der Leihopa«. An meiner Seite: Hans Holt persönlich – der auch den Baron Trapp in der »Trapp-Familie« gespielt hatte. Dieser kleine Junge aus Tokio mit dem großen Hans Holt auf der Bühne! Das wäre kaum zu fassen gewesen!

Es ist doch merkwürdig, wie viele Entscheidungen man im Leben trifft, seien sie gut oder schlecht, und am Ende kommt man doch bei sich selbst an. Ich bin dankbar, das über mein Leben sagen zu können. Und ich bin dankbar dafür, dass für mich alle Wege nach Deutschland und auf die Bühne geführt haben.

Made in Germany

Im Gegensatz zu meiner Mutter hatte mein Vater nichts mit Musik am Hut. Er war Maschinenbauingenieur mit Herz und Seele. Von ihm habe ich wohl die Lust, immer wieder Neues auszuprobieren. Er hatte ein eigenes Patent angemeldet, das seiner Firma von großem Nutzen war: Im Gegensatz zu anderen Nudelmaschinen konnte diese die geschnittenen Nudeln direkt zum Trocknen aufhängen. Die Nudelmaschine wurde immer wieder nachgebaut und wir lieferten aus unserer Maschinenmanufaktur kleine Stückzahlen in das ganze Land.

Ich habe meinen Vater oft heimlich beobachtet und ihm zugesehen, wie er während der langen Stunden, in denen er auch zu Hause arbeitete, immer eine Bewegung mit der Hand machte, als ob er an der Maschine stünde. So sehe ich ihn vor mir: arbeitend, immer im Dienst seiner eigenen Erfindung. Meine Geschwister und ich hatten wenig von ihm. Aber das war mehr der Zeit als seinem Charakter geschuldet.

Der ganze Stolz meines Vaters war ein Zeichenbrett, auf dem groß »Made in Germany« stand. Gelegentlich klopfte er mir auf die Schulter und erklärte mir: »Das ist das beste Zeichenbrett der Welt, weil es aus Deutschland kommt. Die Produkte von dort sind qualitativ sehr hochwertig.« Das sagte er mir in einer Zeit, in der »Made in Germany« eher ein Zeichen für Minderwertigkeit war. Das Ansehen von Deutschland, Österreich und der Schweiz war in meiner Familie sehr groß. Ich denke, das liegt vor allem an der Präzision, die mein Vater in der Konstruktion bewunderte, ich später in der Musik!

Das Zeichenbrett meines Vaters und ein Kinobesuch mit meiner Mutter haben mich also ein erstes Mal mit Deutschland und der deutschen Sprache in Berührung gebracht. Ich entwickelte daraufhin eine große Faszination für das Alpenland mit seinem Schnee im Winter. Ich dachte natürlich, dass ganz Deutschland aus beschneiten Berggipfeln bestand. Ich dachte, Deutschland zu lieben, aber eigentlich war Deutschland für mich immer nur Bayern.

Später schaute ich alle Heimatfilme an, die ich finden konnte. Besonders die Schweizer hatten es mir angetan. Jodeln untermalt von einem Alphorn. Es konnte nichts Schöneres für mich geben. Wunderschöne Schneelandschaften und diese Musik – das war für einen Japaner in den Fünfzigerjahren pure Exotik! Ich musste schnell feststellen, dass ich zwar ein Sonderling, aber nicht der Einzige war, der sich für europäische Volksmusik interessierte. In Wahrheit war der Jodelhype nämlich ziemlich groß und erfasste schließlich auch meine Klassenkameraden. Sie hatten den Text eines in Japan populären Country-Jodlers in unser selbst zusammengestelltes Gesangsheft kopiert – es war »Der Alpenmilchmann« von Willy Okiyama auf Japanisch. Keiner von uns hatte damals auch nur ansatzweise eine Idee davon, was man stimmlich tun musste, um einen richtigen Jodler hinzubekommen. Aber wir sangen und jodelnden mit allen Kräften. Wir kannten ja nicht einmal den Begriff »Jodler«. Wir pflegten schlicht zu sagen: »Das Lied hört sich aber interessant an!« Anders wussten wir den Wechsel aus Falsett und Bruststimme – aus dem ein professioneller Jodler besteht – nicht zu benennen.

Schließlich gelang es einem meiner Mitschüler tatsächlich, im Schulchor gewisse Töne zu produzieren, die einem echten Jodelschlag in etwa gleichkamen. Ich war begeistert! Mein Mitschüler hatte den Beweis angetreten: Auch wir Japaner können jodeln. Dass man mich später überall in Deutschland, Österreich und der Schweiz als »Jodelnden Japaner« kennen würde, später mit größerem Respekt den »Meisterjodler aus Japan« nannte, das machte mich stolz. Für die Europäer war ich ein Exot, aber eigentlich waren die Bayern und Schweizer Exoten für mich, bei denen ich schließlich gesanglich mithalten konnte. Spätestens wenn ich zu jodeln anfing, gab es keinen Unterschied mehr. Jodeln ist universell, macht an keiner Landes- und Kulturgrenze halt!

Für die restlichen Probleme gibt es auch immer das richtige Mittel. Wenn sich die Menschen in Deutschland meinen Namen nicht merken konnten, sagte ich immer: »Das ist ganz einfach. Takeo aus Tokio und Ischi wie Uschi.«

In den letzten Jahren ist das Thema »Kulturelle Aneignung« viel diskutiert worden. Darf ein Japaner überhaupt jodeln wie ein Bayer oder ein Schweizer? Die Jodeltechnik birgt eine Vielfalt an Klangvariationen – von hohen bis zu tiefen Tönen. Ein Jodler kann wie ein Bayer jodeln, auch wenn er aus Japan kommt. Dagegen spricht überhaupt nichts. Aber man muss klar sagen: Jodeln war für Japaner zunächst etwas Fremdes.

Als ich nach Deutschland kam, wurde mir schnell bewusst, dass es hier andere Traditionen gibt. In Japan zieht man in Innenräumen die Schuhe aus. Doch in einem japanischen Gebäude in der Schweiz, genauer gesagt in der Schweizer Botschaft in Tokio, war ich überrascht zu erfahren, dass das Ausziehen der Schuhe dort unüblich war. Es gibt kein Richtig und Falsch. Es gibt nur gewisse Spielregeln, die man hier und da beachten muss. Keine dieser Regeln lautet: Nur gebürtige Appenzeller dürfen den Appenzeller singen.

Wenn wir schon bei den Spielregeln sind: Ich erinnere mich an einen Auftritt in der Schweiz, bei dem ich aus Versehen einen falschen Knopf an meiner Schweizer Tracht trug – eine kleine Geste, die offenbar nicht angemessen war. Hätte ich nur gewusst, wie wichtig dieses Detail ist! Viele Leute wiesen mich darauf hin. Was soll ich sagen? Ich bin dankbar dafür, wieder etwas gelernt zu haben.

Die Diskussion über kulturelle Aneignung ist mir völlig egal. Der Schlüssel liegt wie bei allem im Leben im Respekt vor dem Gegenüber. Ich kann es nicht leiden, wenn sich Menschen über volkstümliche Musik lächerlich machen. Gemeinsam einen Spaß zu machen, ist etwas ganz anderes. Das Lächerliche ist immer eine seelenlose Fratze, ein guter

Spaß nimmt etwas aufs Korn, ohne die Wertigkeit seines Daseins infrage zu stellen. Neben vielen musikalischen Saiten muss immer auch Respekt mitschwingen, sonst wird Musik und Kultur überhaupt zur Farce. Achtung gegenüber der Kultur und das Lächerliche vermeiden – das ist entscheidend. So kann jeder, ganz unabhängig seiner Ethnie und Herkunft zum kulturellen Erben werden: wenn er sein Herz und seine Seele einbringt! Ich glaube, dass jede Zuhörerin und jeder Zuhörer wahrgenommen hat, wie viel Herzblut ich in meine Musik gesteckt habe. Jeder Jodler, der über meine Lippen gekommen ist, war echt.

Jodeln für Anfänger

Die Kollegen meines Vaters besaßen eine Schallplatte des inzwischen leider verstorbenen Franzl Lang. Es war der »Kuckucks-Jodler«, der auch heute noch zu meinen absoluten Favoriten gehört – genauso wie Franzl Lang immer noch mein großes Idol ist. Wenn ich es mir so recht überlege, fing ich damals hauptsächlich wegen meiner Bewunderung für Franzl Lang zu jodeln an. Beim Kuckucksjodler ruft er ein »Kuckuck«, dann antworten ihm die Zither und das Akkordeon, die Trompete setzt ein und eine Querflöte. Dann dieser zauberhafte Gesang wie aus einer modernen Mozart-Oper, die in den Bayerischen Bergen spielt. Wie aus dem Nichts dieses Jodeln im Gegeneinander und Miteinander der Instrumente.

Das Verschmelzen von Gesangsstimme und Instrumenten ließ vor meinem inneren Auge die Alpenlandschaft aufziehen, die ich bis dahin noch nie selbst gesehen hatte. Dieses Stück ist für mich noch heute der Beweis, dass beim Jodeln volkstümliche Musik und große Kunst zusammenkommen und etwas Einmaliges entstehen lassen.

Man kann sich diese Zeit nur noch schwer vorstellen. Es gab noch keinen Fernseher und das Radio war das Tor zur Welt. Was eine Schallplatte für uns bedeutet hatte! Wir haben über diesen Liedern halluziniert, wir waren wie betrunken von der Musik und hörten die Platten immer und immer wieder von vorne. Mein erster Rausch war ein Jodelrausch, nichts anderes.

Musikalisch war ich begabt und geprägt durch meine Mutter, die Heimorgel, Xylophon und Blockflöte spielte. Ich hatte also Erfahrung mit Instrumentalmusik, aber singen konnte ich nicht besonders gut. Das hatte vor allem einen Grund: Ich schämte mich für meinen Gesang. Trotzdem wagte ich mich ganz still und heimlich an einen Jodler. Ich kämpfte jeden Tag und in jeder freien Minute darum, diesen Klang zu erzeugen. Fleißig sein – das fiel mir immer leicht. Tatsächlich gelang es mir und nach mehreren Monaten des Übens hatte ich meinem Körper diesen natürlichen Wechsel von Kopf- und Bruststimme beigebracht. Andere waren begeistert, wenn ich jodelte. Das machte mich sehr stolz. Singen konnte ich noch immer nicht, aber einen Jodler brachte ich raus! Mit jedem Jodler oder Juchzer bekam ich mehr Zutrauen in die Schönheit meiner Stimme. Aber wer den Jodelschlag beherrscht, der kann noch lange nicht jodeln.

Für viele ist das Jodeln eine kleine und niedliche Randerscheinung in der Musik. Aber stell dir vor, du musst mit deinem Jodler ein ganzes Publikum unterhalten, keiner soll sich langweilen, alle sollen deine Musik im Ohr und im Herzen tragen. Das ist eine unglaubliche Herausforderung. Damals wurde mir bereits klar, dass Jodeln das einfachste und schwerste musikalische Mittel der Welt ist. Franzl Lang konnte ganze Länder entertainen, ohne sich groß zu bewegen, ohne die große Show im Hintergrund, allein mit seiner Stimme und ein paar lustigen Sprüchen auf den Lippen.

Natürlich war ich am Anfang noch kein zweiter Franzl Lang. Aber im Laufe der Jahre wurde ich immer besser. Ständig war ich auf der Suche nach neuen Jodlern, um mich weiter inspirieren zu lassen. In einer Zeit ohne Internet und ohne YouTube blieb mir nur der Besuch im Plattenladen, um an neue Musik zu kommen. Es war 1965 mitten in Tokio, als ich in einem Plattenladen, bei dem ich Stammkunde war, auf ein kleines Heft stieß: »Jodeln für Anfänger«. Es war auf Japanisch. Ich wunderte mich, wie es wohl dorthin gekommen sein mochte. Es war eine Offenbarung für mich, erschien mir wie eine schicksalshafte Fügung. Aber die Erklärung dafür war noch viel besser – sie hat mein Leben verändert.

Ich ging zum Geschäftsinhaber und sagte: »Ich habe zwei Fragen. Warum liegt dieses Heft dort?«

»Und was ist die zweite Frage?«, antwortete er mir, ohne auf die erste Frage einzugehen.

»Kann ich es kaufen?«, bat ich ihn.

Da musste er lachen und sagte: »Ich bin Ehrenmitglied im Jodelclub Tokio, unser Verein hat das Heft herausgegeben. Und nein, es ist nicht verkäuflich.«

Ich schlug traurig meine Augen zu Boden. Da klopfte er mir mit einem Lächeln im Gesicht auf die Schulter. »Ich schenke es dir, wenn du mal zur Probe kommst. Dann wirst du einen noch besseren Zugang zur Musik bekommen als durch dieses Heft. Theorie ist schön und gut. Aber nur Praxis hilft dir, das Jodeln zu lernen.« Und wie recht er haben sollte!

Das ließ ich mir nicht zweimal sagen. Der Jodelclub, der aus etwa dreißig Mitgliedern bestand, traf sich einmal im Monat in einem extra für die Probe angemieteten Raum. Ich wurde sofort Mitglied. Zu diesem Zeitpunkt war ich achtzehn Jahre alt. Im Jodelclub übten wir regelmäßig und mit Feuereifer. Uns standen auch Schallplatten und Tonbänder zur Verfügung. So wirklich richtig jodeln konnten allerdings nur drei oder vier Chormitglieder – der Rest fabrizierte einfach irgendwelche Töne, so wie ich es noch aus der Schulzeit kannte. Trotzdem hat es uns allen großen Spaß gemacht. Wir haben viel gelacht! Schon zu dieser Zeit spürte ich, dass dies der eigentliche Sinn von Musik und dann eben auch vom Jodeln ist: Menschen zusammenzubringen, ihnen eine gute Zeit zu schenken.

Nebenbei lernte ich fleißig Deutsch und tauschte mit den anderen Chormitgliedern Schallplatten aus. Bald schon stellte ich fest, dass es schwierig war, A-cappella aufzutreten, es ist einfacher, wenn man ein Instrument spielt. Das sorgt für Abwechselung und den Sängern die richtige Richtung vor. Deshalb versuchte ich, Akkordeon und Gitarre zu lernen. Mit der Gitarre hatte ich aber immer Probleme. Ständig taten mir die Finger weh und ich hatte nicht genügend Kraft in der linken Hand. Da mir die Tastatur des Akkordeons von der Heimorgel meiner Mutter her vertraut war, entschied ich mich dazu, Akkordeon zu lernen.

Ich lieh mir ein Instrument von einem Kameraden aus dem Jodelclub aus und übte zuhause. Ich hatte immer Mühe mit der Bassseite und Muskelkater durch das Ziehen des Balgs, doch irgendwann gelang es mir, den Rhythmus zu halten. Während mein Freund mich beim Akkordeonspielen unterstützte, brachte ich mir das Jodeln von der Schallplatte selbst bei.

Meine Eltern im besten Anzug.

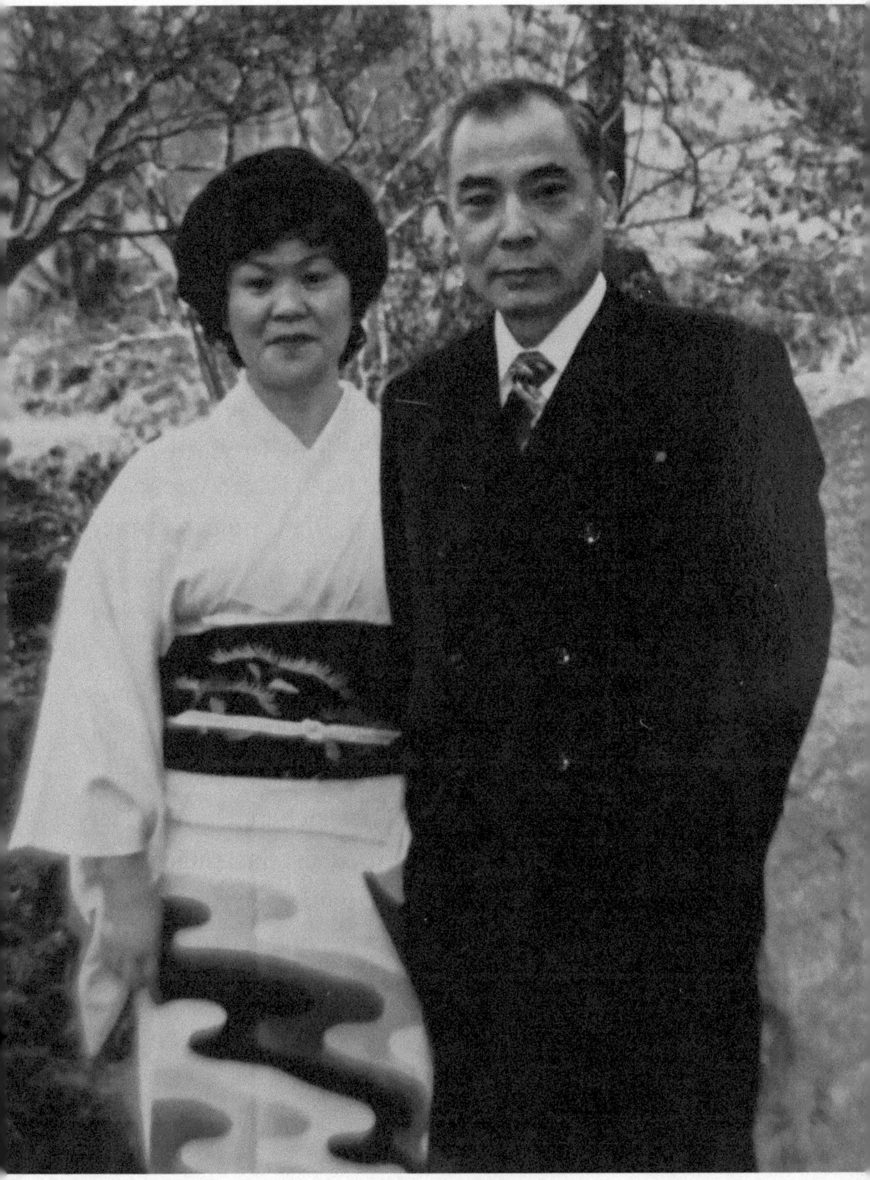

Wandervogel

Im Jodelclub schufen wir uns eine eigene, fast europäische Wanderkultur. Wir gingen in die japanischen Berge zum Zelten und übten dort vor Ort, wo das Jodeln am schönsten klingt. All das war mir längst vertraut, denn ich war Mitglied im Wandervogelclub und zugleich Pfadfinder. Übrigens hat es der Begriff »Wandervogel« sogar ins Japanische geschafft. Wir sagen hier »Wandaa Vogeru«.

Die deutsche Reform- und Naturbewegung wurde um 1900 in Berlin gegründet. Hier hatten junge Menschen inmitten der modernen Industrie wieder Lust auf Natur und Abenteuer unter freiem Himmel. Natürlich war auch immer Musik und die Gitarre dabei. Meinen Eltern waren die Tugenden von Wandervögeln und Pfadfindern immer wichtig:

Stärke, Mut und die Gabe zur Improvisation, das sollte mir ein Leben lang von Nutzen sein.

Es ist doch unglaublich, dass Jugendliche auf der ganzen Welt zu einer Zeit nach draußen gehen wollten, als die Moderne überall angekommen war. Aber wir suchten hier Natürlichkeit, Gemeinschaft und das sichere Gefühl, Teil von etwas Größerem zu sein. So einfach ist das: rausgehen, loslaufen und schauen, wohin einen das Leben führt. Diese Erfahrung wirkt ein ganzes Leben nach und schenkt einem einen Kompass, der zwar kein Ziel anzeigt, aber eine ungefähre Richtung.

Ich kam einmal nach einer ganzen Woche von einer Ausfahrt zurück. Meine Schultern waren blutig und wund vom Tragen meines Rucksacks. Ich war ungewaschen und roch wie eine Wildkatze. Als ich vor unserer Haustür meine schmutzigen Schuhe und Socken auszog, erschrak nicht nur meine Mutter, sondern auch ich selbst. Vom harten Marschieren hatten sich meine Zehennägel gelöst. Statt aber zu schimpfen oder wenigstens zu lachen, nahm mich meine Mutter fest in den Arm. Sie schaute mir tief in die Augen und sagte mir: »Takeo, du bist ein starker Junge. Bleib immer fleißig und höre niemals auf, deinen Weg zu gehen. Dann kannst du alles erreichen.«

Es war einer der schönsten Sätze, die jemals jemand zu mir gesagt hat und sie haben mich ein ganzes Leben lang motiviert, weiterzumachen, egal, wie schmerzvoll manche Erfahrungen waren. Nach so vielen Jahrzehnten kann ich sagen, dass es ein glücklicher Umstand für einen Menschen ist, wenn Geduld und Fleiß zusammenkommen. Diese beiden Eigenschaften bilden meines Erachtens die Basis für jeden Erfolg.

Wer keine Geduld aufbringt, wird schnell dazu neigen, aufzugeben. Das ist nicht nur beim Jodelnlernen so, sondern auch in allen anderen Lebensbereichen. Wenn du dein Ziel erreichen willst, musst du dich kontinuierlich anstrengen. Es reicht nicht, nur ein oder zwei gute Tage dranzubleiben, sondern gerade dann, wenn es dir schlecht geht, musst du fähig dazu sein, weiterzumachen. Ich habe so viele Rückschläge erlebt. Aber ich tröste mich mit dem Gedanken, dass sie unvermeidlich waren. Sie haben mich dankbar gemacht und ich habe gelernt, mir selbst Zeit zu geben. Ich sage immer: Wer vorzeitig das Handtuch wirft, wird nie mitbekommen, was passiert, wenn man die magische Linie überschreitet. Irgendwann bist du am Ziel, schaust zurück und verstehst, dass das auch nur eine Etappe von vielen war.

Ich habe mein Leben in kleine, erreichbare Meilensteine unterteilt. Das tue ich noch heute, wenn ich mir irgendwelche Stücke vornehme, die noch nie jemand vor mir gejodelt hat. Zuletzt war es das Torero-Lied aus Georges Bizets Oper »Carmen«. Die kleinen Etappenziele sollte man nie unterschätzen. Manchmal reicht im Leben auch eine einfache Melodie, man muss nicht immer die ganze Arie jodeln. Und Zwischenziele dienen dir dazu, den Weg zu den großen Zielen zu ebnen. Außerdem erfüllen sie dich mit Stolz.

Mit 15 Jahren wollte ich Jodeln lernen, als ich 18 Jahre alt war, wurde mir wenigstens Talent zugesprochen. Talent zu haben, reicht aber nicht aus, es will ausgeschöpft werden und das erfordert harte Arbeit. Nur du selbst kannst erreichen, was du selbst dir vorgenommen hast. Jetzt kann ich anderen und mir selbst eine Freude bereiten, indem ich jodle.

Als ich 1983 im Fernsehen zu sehen war – ich glaube, es war die Sendung »Zum Blauen Bock« im Hessischen Rundfunk – fragte mich Heinz Schenk: »Was können Sie?«

Ich lachte in die Kamera und schrie an gegen das applaudierende Publikum: »Ich kann jodeln.«

»Jodeln?«, fragte der Moderator noch einmal.

»Ja!«

»Das soll wohl ein Witz sein. Was wollen Sie denn jodeln?«, fragte mich Schenk.

»Na, den Appenzeller!«

Dann heizte ich die Kapelle an und Schenk ging kopfschüttelnd von der Bühne: »Das gibt's doch nicht!«

Doch das gab es: einen japanischen Franzl Lang. Ich jodelte um mein Leben und die Leute waren begeistert. Nach meiner Nummer stellte mich Heinz Schenk dem Publikum als Jodler aus Japan vor: »Er ist einer der Wenigen, denn es gibt in Japan kaum Jodler.«

»Ja!«, ging ich direkt darauf ein. »In Japan leben 120 Millionen Einwohner und ich bin der Einzige, der jodeln kann.« Das stimmte zwar nicht ganz, aber immerhin war ich der einzige Japaner, der im deutschen Fernsehen jodelte. Doch der Weg dorthin war weit. Genau um das geht es mir: Hätte ich mir vorgenommen, als jodelnder Japaner berühmt zu werden, hätte ich es höchstwahrscheinlich nicht geschafft. Ich wollte immer nur eines: Menschen mit Jodeln glücklich machen, unabhängig davon, wo sie lebten und welche Sprache sie sprachen.

Ich habe hier etwas ausgeholt, um zu zeigen: Egal, worum es dir im Leben geht – lerne die Kunst der kleinen Ziele und Schritte, dann wird es dir früher oder später gelingen.

Hast du zu deiner Geduld auch noch Fleiß, wird es früher passieren.

Die Jodelfabrik

Ich kann trotz der schweren Zeit nach dem Krieg sagen, dass ich eine glückliche und unbeschwerte Kindheit hatte. Von vier Brüdern bin ich der Drittälteste. In Japan ist es Tradition, dass der älteste Sohn das Geschäft des Vaters übernimmt. Das Schicksal hatte mich von dieser Aufgabe befreit. Trotzdem wünschte sich mein Vater, dass ich in seinen Betrieb einsteige.

Es war für mich klar, dass ich dem Wunsch meines Vaters gehorchte – und so schrieb ich mich zunächst für ein Maschinenbaustudium an der Universität ein. Mit einem Unterschied zur Tradition: Ich tat es aus freien Stücken. Nach vier Semestern – es war also Halbzeit – pausierte ich mit dem Studium. Ich zog mit dem Wandervogel durch die Natur und jodelte. Die Studentenrevolte war in vollem Gange. Ich fühlte mich zwiegespalten. Obwohl ich damals nicht aktiv an den Protesten teilgenommen hatte, kann ich das Klima dieser turbulenten Zeit noch deutlich spüren. Es war eine Zeit des Wandels.

Die Straßen waren voll von Studenten, die nach Veränderung suchten, sie waren unzufrieden mit dem bestehenden politischen System und der sozialen Ordnung. Aber die Proteste waren oft auch nur Ausdruck von Frustration und einem Wunsch nach einem gerechteren Japan. Aber wie dieses Japan aussehen sollte, wussten auch sie nicht.

Den vielen Auseinandersetzungen habe ich persönlich eigentlich nur eine positive Sache abzugewinnen: Sie haben mich dazu gebracht, über die Gesellschaft und meine Rolle in ihr nachzudenken. Auch wenn ich nicht auf den Straßen marschierte, so war ich dennoch Teil einer Generation, die die Welt um sich herum in Frage stellte. Es war eine schlimme Phase in der jüngeren Geschichte meines Landes mit ausufernder Gewalt und vergossenem Blut. Ich lebte in dieser Zeit bereits in Gedanken ganz für die Musik, war Musiker durch und durch. Meine Mutter freute sich immer, wenn ich ihr etwas vorjodelte. Nur meine beiden älteren Brüder hielten es an manchen Tagen kaum aus mit mir. Ab und an warfen sie sogar ihre Schuhe nach mir, weil ich mich natürlich nicht stoppen ließ.

»Takeo, mein Trommelfell platzt gleich«, beschwerte sich der eine, während er sich die Ohren zuhielt.

»Du bist die größte Nervensäge, die es auf der Erde gibt«, beklagte sich der andere. Mein jüngster Bruder aber, der Schlagzeug und Trompete spielte, trat schnell in meine Fußstapfen und jodelte irgendwann zweistimmig mit mir. So gab es in der Familie eine gerechte Verteilung.

Was sagte eigentlich mein Vater dazu? Dass ich jodelte, war schön, aber einen Beruf daraus zu machen, wäre für ihn eine absurde Idee gewesen. Für mich damals auch noch! Ich schloss schließlich mein Studium ab und arbeitete in einer Maschinenbaufirma, um dort mein Wissen zu vertiefen.

Dann kehrte ich zurück in den elterlichen Betrieb. Wie gesagt, wenn ich von einer Fabrik spreche, meine ich eigentlich eine Werkstatt: Dort waren drei Dreher, zwei Fräser, ein Schweißer, und ein Gasschweißer beschäftigt – insgesamt waren wir zehn Personen. Die Fabrik befand sich außerhalb des Zentrums, die Grundstücke dort waren viel günstiger als zentral in Tokio.

Der Innovationsgeist in meiner Familie war immer schon groß. Von meinem Vater habe ich gelernt, zu improvisieren, nicht in der Musik, aber im Leben: Wie kannst du in deinem Leben dein eigener Herr sein? Das ist doch eine Frage, die sich jeder stellt, der die Freiheit liebt wie ich. Meine Musik schenkte mir immer eine gewisse Unabhängigkeit, aber im Gegenzug brauchst du dafür viel Improvisationskunst. Du hast keine Sicherheiten und tanzt über ein Zirkusseil ohne Netz und doppelten Boden. Runterfallen ist leicht, aber um oben zu bleiben, musst du manchmal alles geben.

Innovation bedeutete für meinen Vater Technik. Ihm ist ein großes Problem aufgefallen, das damals alle Nudelfabriken hatten. Er wusste, dass er einen echten Mehrwert schaffen konnte, wenn es ihm gelingen würde, es zu lösen. Tatsächlich gelang es ihm nach längerer Zeit und vielen Versuchen, ein fast schon revolutionäres Patent anzumelden. Aber worum ging es ihm eigentlich? Die Fabriken waren zu wenig automatisiert, um effizient arbeiten zu können. Es dauerte einige Tage, bis frisch produzierte Nudeln trocken wurden.

Dafür brauchte es viele Mitarbeiter und zu viel Arbeitskraft in kleineren Betrieben: Man hängte nämlich die Nudeln in mühevoller Handarbeit draußen unter freiem Himmel auf Stäben auf und man musste dabei teuflisch aufpassen, dass sie dabei nicht rissen. Ein Arbeitsschritt pro Nudel war einfach zu viel! Der ganze Prozess und das gesamte Gelingen hing am Schluss an der Sorgfalt derjenigen, die die Nudeln zum Trocknen aufhängten. Außerdem war man hundertprozentig vom Wetter abhängig. Was tun, wenn die Trockenräume voll waren und es regnete?

Mein Vater revolutionierte die Nudelproduktion mit seinem Patent für eine Nudelmaschine mit integrierter Nudeltrocknung. Sie funktionierte nach dem Fließbandprinzip. Der Teig wurde maschinell geknetet, zu Nudeln verarbeitet und innerhalb der Maschine getrocknet. An der letzten Station war bereits die gesamte Produktion abgeschlossen und die verkaufsfertigen Nudeln konnten direkt in Tütchen verpackt und verkauft werden.

Das war ein neuer Gedanke. Damals verfügte man noch nicht über Maschinen, die den Menschen überall in seiner Arbeit unterstützten und entlasteten. Wollte man einen Kugelschreiber produzieren, musste dieser von Hand zusammengebaut und in Tüten verpackt werden. Mein Vater war ein richtiger Ingenieur und Erfinder und bereiste für Montagearbeiten ganz Japan.

Die Hälfte meines Lebens nahm das Jodeln ein, obwohl ich damals noch nicht dachte, dass ich einmal Berufsjodler werden sollte. Zu meinem Vater sagte ich: »Ich bin stolz darauf, dass ich besser jodeln kann als andere.«

»Ja, das ist richtig, Takeo, aber vergiss die Arbeit nicht!« Ich hatte alle Freiheiten, aber ich musste auch funktionieren. Ist das ein Widerspruch? Ich glaube nicht. Wenn du deinen Beitrag leistest und trotzdem du selbst sein kannst, hast du ein gutes Leben.

Auch die Mitarbeiter meines Vaters wussten, dass ich jodeln konnte. In einer Fabrik dieser Zeit gab es wenig Abwechslung und Unterhaltung. Deswegen war es für alle eine Freude, mir zuzuhören. Eigentlich war das der stärkste Motor für mich und animierte mich dazu, immer noch mehr zu üben und besser zu werden.

Bis ich so weit war, brauchte es aber einige Zeit. Der junge, schüchterne Takeo wagte richtige Auftritte erst, als er genügend Übung und Selbstbewusstsein hatte, um sich ein Herz zu nehmen und zu sagen: Hört her, wie ich jodeln kann! Der Werkstatt meines Vaters habe ich vieles zu verdanken, vor allem aber: Übung!

Ich arbeitete an der Fräse. Eine sehr laute Tätigkeit, weil ich Metallteile in Form bringen musste. Die Maschinen und das Zerspanen des Stahls waren so laut, dass man mich nicht mal hören konnte, wenn ich brüllte. Die perfekte Gelegenheit, um zu jodeln. Stundenlang erforschte ich den Wechsel von der Bruststimme zur Kopfstimme. In meinem inneren Ohr hörte ich den Fortschritt. Ich merkte, dass der Jodelschlag immer deutlicher wurde und dass es mir mit der Zeit gelang, meine Stimme besser und besser zu kontrollieren.

Jodeln kann man gut mit Sport vergleichen. Mit jeder Woche wirst du stärker – und wenn die erste, sehr anstrengende Zeit vorbei ist, fängt es erst richtig an, Spaß zu machen. Wer viel joggt, der bekommt irgendwann mal einen Runner's High und hat das Gefühl, ewig weiterlaufen zu können. Alles wird leicht und die Kraftreserven wirken unerschöpflich. So ging es mir mit dem Jodeln. Ich war in einem regelrechten Jodler's High und konnte stundenlang jodeln, ohne dass meine Stimme angegriffen wurde.

Mein Leben in der Fabrik bekam plötzlich einen neuen Sinn: Arbeiten bedeutete auch Proben. Ich war mit dem Kopf bei der Maschine, aber mit dem Herzen und meiner Stimme jodelte ich mindestens sechs Stunden am Tag.

Und zu Hause? In Japan bestehen die traditionellen Häuser aus Holz und Papier. Du hörst alles, was deine Nachbarn tun. Wenn alles so hellhörig ist und du ein schüchterner Junge bist, dann ist es nicht einfach, an einem Ort zu jodeln, an dem man sogar hört, was im Nebenzimmer besprochen wird! Wenn sich jemand im Haus aufhielt, konnte ich also nicht üben. Aber auch nach der Arbeit freute ich mich aufs Jodeln. Wahrscheinlich war ich der Einzige zu Hause, der sich über starken Regen freute. Wenn er auf das Dach prasselte, übertönte er meine Jodelübungen. Bei schönem Wetter musste ich kreativer werden. Aber da ich immer schon gerne im Haushalt geholfen hatte, nahm ich mir einfach unseren Staubsauger und fing an, das Haus zu reinigen. Die damaligen Staubsauger waren nämlich viel lauter als die heutigen. Das Dröhnen störte mich beim Jodeln nicht, immerhin war ich den übrigen Tag lang die Fräsmaschine gewohnt.

Als ich meinen eigenen Fortschritt wahrgenommen hatte, fühlte ich mich sicherer. Nicht nur in Sachen Musik, sondern auch gegenüber meinen Mitmenschen. Ich legte meine Schüchternheit ab wie eine Jacke, die mir zur klein geworden war. Ich wuchs am Jodeln. Ich hatte mich immer schnell geschämt. Scham ist aber eines der schlimmsten Gefühle, weil sie uns kleinhält. Sie redet uns ein, dass wir schlechter sind als andere, auch dann, wenn es keine Konkurrenz gibt. Sie sorgt auch dafür, dass wir uns selbst falsch wahrnehmen. Wir sehen uns dann durch die Augen eines kritischen Beobachters. Aber ich glaube, wir sind nicht auf dieser Welt, um alles perfekt zu können. Es gehört dazu, dass man sich mal versingt oder in die falschen Tasten greift.

Wir hatten dann schon bald unser erstes Konzert mit dem Jodelclub. Es fand in Tokio statt. Die Begeisterung war unglaublich und es blieb nicht bei den Konzerten. Später hatten wir mit dem Jodelclub kleinere Radio- und Fernsehauftritte. Ich stand also plötzlich selbst an dieser Stelle, die ich so oft bewundert hatte: Ein Talent im Radio oder Fernsehen zu hören, war etwas Großartiges für mich. War es das auch für meine Hörer?

Damals war ich bereits sicher, dass das, was ich da machte, richtig gutes Jodeln war. Ich hatte inzwischen eine Ahnung davon bekommen, wie ein anderes Leben sein könnte. Ich weiß nicht, ob ich es für immer in der Werkstatt meines Vaters ausgehalten hätte. Aber ich bekam damals eine Ahnung davon, wie anders ein Leben auf der Bühne ist. Wenn du dein Geld damit verdienst, andere Menschen zu unterhalten und glücklich zu machen, dann macht dich dieses Leben ebenso um ein Vielfaches glücklicher als alles andere. Das erahnte ich damals bereits.

Aber wie wird man Entertainer? Kann man ein Leben auf der Bühne planen oder auch nur daran arbeiten? Fragen, die man sich als junger Mensch nicht stellt. Wenn man jung ist, dann legt man einfach los und geht dorthin, wo einen die Leidenschaft hinführt. Ich wollte weder berühmt noch Berufsmusiker werden, ich wollte einfach nur jodeln!

In den Bergen mit dem Jodelclub.

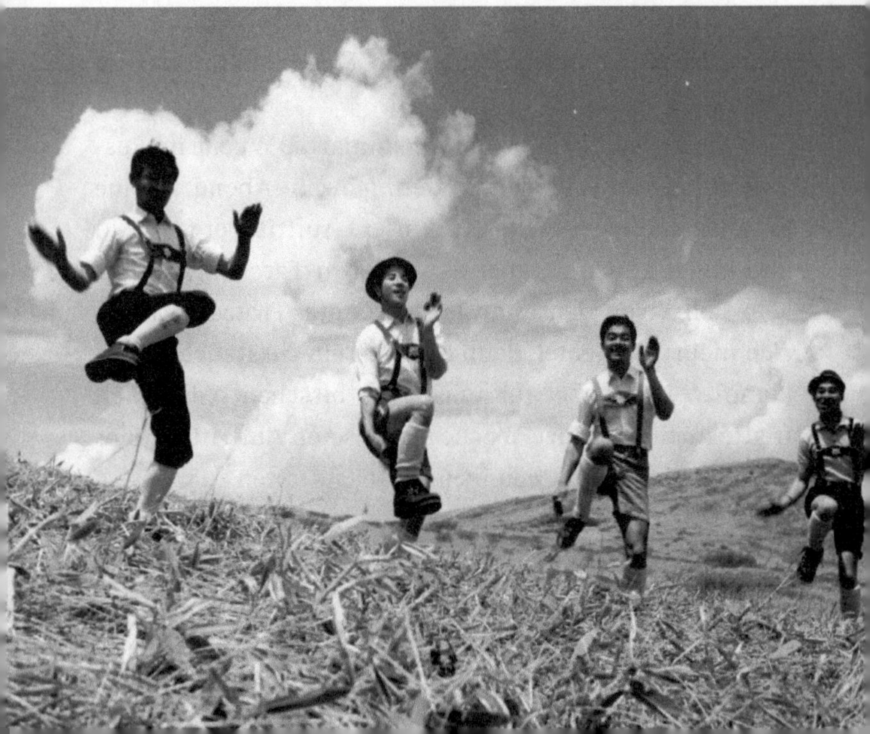

Käsefondue, Bier und Bayern

Damals gab es in Tokio ein einziges Schweizer Restaurant, in dem man Raclette und Fondue essen konnte und andere Schweizer Gerichte. Man kann sich das ruhig so vorstellen, wie ein japanisches Restaurant in München. Nur eben andersrum. Die Frage, was exotisch ist, ist immer eine Frage der Perspektive. Für viele Besucher war das Restaurant sehr unterhaltsam, weil es nicht nur leckeres Essen gab, sondern auch alpenländische Musik. Mit allen Sinnen konnte man hier die Schweiz erleben. Oder das, was man sich darunter vorgestellte.

Der Jodelclub und damit auch ich wurden hier fest engagiert. Natürlich waren wir noch keine Profis, sondern Amateurmusiker, aber Jodeln war in Japan etwas sehr Besonderes. Nicht viele konnten das, eigentlich nur wir im Club.

Etwa ein Jahr lang traten wir einmal die Woche im Restaurant auf und jodelten den ganzen Abend. Meine Freunde und ich erhielten für unsere Auftritte etwas Geld und etwas zu essen, aber es war eben Taschengeld und kein Lohn, von dem man leben konnte. Trotzdem füllte sich mein Geldbeutel, denn dies war ein zusätzliches Einkommen und dabei für mich kein bisschen Arbeit. Ich freute mich die ganze Woche auf unseren Auftritt. Früher schwitzte ich beim Gedanken daran, auftreten zu müssen. Jetzt war ich süchtig nach der Bühne. Ich wusste auch, wofür ich all das machte. Ich sagte mir: Wenn du so weitermachst, jodelst du dich nach Europa. Meine Jodelkollegen erzählten mir viel von Bayern und von Österreich, weshalb ich schnell wusste: Du musst auch einmal dort gewesen sein.

Meine Verwandten unterstützten mich ebenfalls und gaben mir schließlich den Rest, um meinen Traum zu leben: Ich kaufte mir ein Flugticket für eine russische Maschine der Aeroflot. Das war der günstigste Weg, um von Japan nach Europa zu fliegen. Zehn Jahre zuvor mussten meine Freunde und Kollegen noch das Schiff nehmen. Es dauerte allerdings eine ganze Woche, bis man dort ankam.

Für uns war die alpenländische Kultur pure Exotik. Für Europäer war es gerade andersrum. Somit waren immer wieder Studenten, Ethnologen und andere bei uns und wollten den Jodelclub kennenlernen.

Eine dieser Studentinnen war von der Deutschlehrerin meines Jodelkollegen nach Japan eingeladen worden. Sie war fasziniert davon, dass es einen echten Jodelclub in Tokio gab. Sie selbst spielte Zither und Harfe und gab mir Deutschunterricht. Sie erzählte mir, dass sie aus einer großen Familie stammte und sie einen Hof in Augsburg besaßen. Momentan sei ein Zimmer in ihrem Elternhaus frei. Dort könne ich wohnen. So erlebte ich echte Gastfreundschaft, bevor ich überhaupt je in Deutschland gewesen war.

Sie organisierte alles für mich und dann kaufte ich mir das besagte Ticket. Natürlich ohne Rückflug. Dafür hatte ich einen ganz anderen Plan: Ich wollte Franzl Lang treffen, aber ich wusste, dass die Chancen gering standen. Dieser Flug nach Deutschland fing als Abenteuer an, wurde aber zu meinem Alltag. Wenn ich heute zurückblicke, frage ich mich, wie es mir gelungen ist, ein altes Leben aufzugeben und ein neues anzufangen. Wahrscheinlich ist die Antwort einfacher, als man denkt: Ich bin meiner Leidenschaft gefolgt!

In Deutschland war ich zunächst schockiert von der Bürokratie. Da ich offiziell als Sprachstudent und nicht als Jodler reiste, war es mir zwar erlaubt, mich in Deutschland aufzuhalten. Arbeiten durfte ich allerdings ebenso wenig wie eine Ausbildung in einer Firma machen. Dabei war mir schnell klar, dass ich länger bleiben würde, vielleicht für immer. Ich durfte bei meiner deutschen Familie in Augsburg wohnen und gemeinsam fanden wir einen Weg, dass ich etwas dazuverdiente: In der Nähe des Hofs war eine Kartonagenfabrik, in der ich mich vorstellte. Dort arbeitete ich unentgeltlich, erhielt dafür kostenloses Essen. Wohnen durfte ich auch umsonst. So verbrauchte ich nicht viel von meinem Geld. Ich kann sagen, dass ich überall mit offenen Armen aufgenommen wurde: Als Geburtstagsgeschenk wurde ich sogar vom Eigentümer der Fabrik nach München eingeladen. Ein jodelnder Japaner in Augsburg – das war aus mir geworden und damit begann meine eigentliche Reise.

Eines meiner frühen Konzerte.

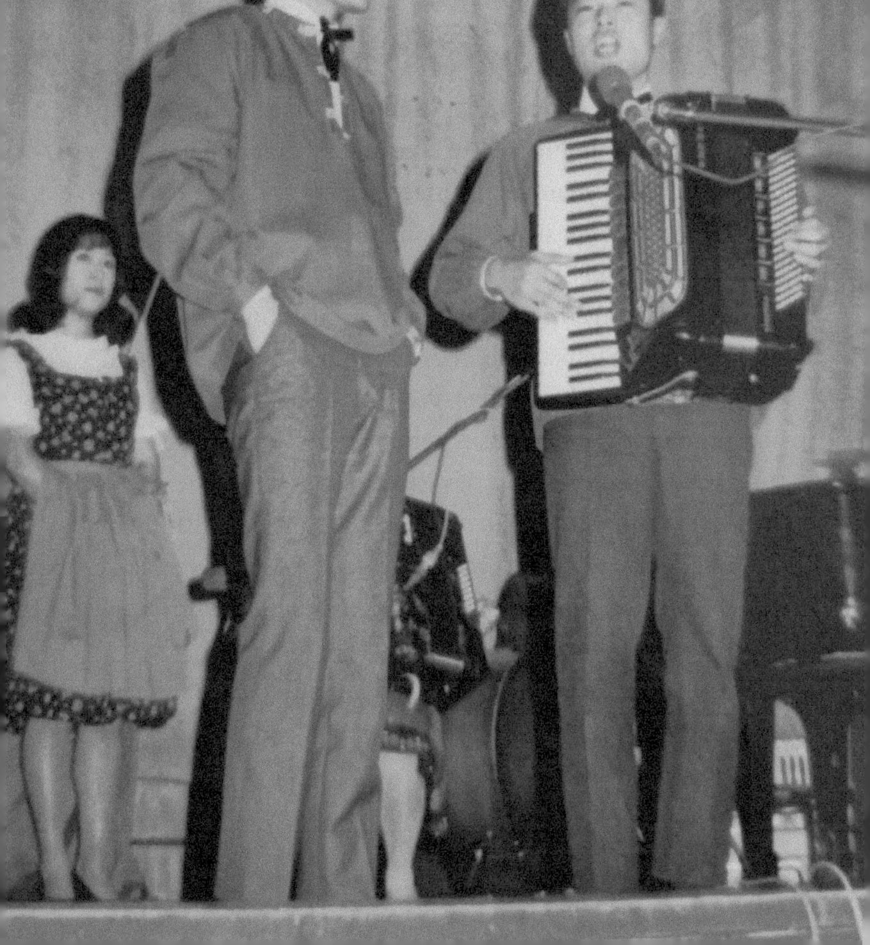

Erster Versuch

Ich war glücklich in Augsburg und erfuhr viel Herzlichkeit und Großzügigkeit von den Menschen. Vielleicht ist etwas dran an dem Gedanken der alten Fugger. Die Fuggerei, die hier gegründet wurde, ist schließlich die erste Sozialsiedlung der Welt. Es lebten dort bereits im 16. Jahrhundert Menschen gegen sehr wenig Geld und für drei Gebete am Tag. Ich lebte ebenfalls fast umsonst und für ein paar Mal jodeln.

Offiziell war ich von Tokio aufgebrochen, um Land, Leute und die europäische Technik besser kennenzulernen. Ich wollte meine Kenntnisse im Maschinenbau vertiefen. Aber die fehlende Arbeitserlaubnis war wie ein Fingerzeig des Schicksals: Mein Leben sollte doch in eine andere Richtung gehen. Irgendwann habe ich mein Maschinenbaustudium einfach vergessen, weil es nur noch Musik für mich gab. Ich werde aber nie vergessen, wie ich anfangs noch Kataloge über Werkzeug zu meinen Eltern nach Japan gesendet habe. Ich schickte ihnen auch Zeitungsartikel von mir auf der Bühne, aber ich wollte ihnen immer die Sicherheit geben, dass Takeo keine Dummheiten macht und alles auf eine Karte – die Jodelkunst – setzt. Dabei ist genau das eingetreten, denn es ging mir immer um die Musik.

Dann passierte das scheinbar Unmögliche: Zu meinem Geburtstag sollte es möglich sein, mein Idol Franzl Lang kennenzulernen. Den Mann, der so viel für das Jodeln getan hat, weil er zwei Generationen für diese, seine Kunst begeistert hat. Die BILD, die AZ und die TZ waren auch dabei, als wir uns trafen. Für sie war die Geschichte sehr kurios, dass ich aus Japan angereist war, um von Franzl Lang das Jodeln zu lernen.

Tatsächlich ging es mir nicht nur um einen Kniefall, sondern auch darum, mir ein paar technische Tricks und Details abzugucken. Ich wollte von ihm unterrichtet werden. Tatsächlich war es dann eine kürzere Begegnung und sorgte für zwei vielleicht wichtigere Dinge: Da ist zum einen Sympathie. Franzl Lang nahm mich nach dieser Begegnung unter seine Fittiche und hat mich aus einer tiefen Lebenskrise herausgeführt, über die ich später noch schreiben werde. Und das zweite war Publicity! Und zwar gute! Deutschlands größte Boulevardzeitung titelte am nächsten Tag: »Ein jodelnder Japaner sucht fesche Bayerin«. Diese Art der Öffentlichkeit hatte gewirkt.

Ich war in gewissen Kreisen bekannt geworden. Anfang 1974 hatte ich einen unscheinbaren Auftritt. Ein Bekannter lud mich ein, bei einer Faschingsveranstaltung zu jodeln. Das tat ich wie immer mit voller Leidenschaft und traf die Narren voll ins Herz. Mit den »Narren« meine ich natürlich die echten. Sie engagierten mich vom Fleck weg für die übrige Faschingssaison. Bis Aschermittwoch jodelte ich jeden Tag mit Lederhose und Schnupftabaktuch. So begann meine Karriere. Mit 50 Mark und drei warmen Mahlzeiten.

Die Maßstäbe hatten sich dann sehr schnell verändert. Mal waren die Gagen höher, mal das Publikum größer, aber manchmal war das Bierzelt auch schon halb geleert am späten Abend. Im Prinzip war hier während meines ersten Engagements schon mein Leben vorgezeichnet. Wäre da nicht diese lästige Sache mit der Aufenthaltsgenehmigung gewesen. Sie machte mir einen Strich durch die Rechnung.

Man kann es so deutlich sagen: Was im Kleinen funktioniert, das muss nicht im Großen funktionieren. Meine Gastgeber, meine Musikgruppen, die Narrenzünfte waren herzlich zu mir, aber das System sah mich einfach nicht vor: Nach sechs Monaten lief meine Aufenthaltsgenehmigung ab. Da war nichts zu machen: Ich musste aus Deutschland ausreisen. Ich hatte keine Berechtigung zu bleiben. An einem Ort zu leben, den man liebt, und trotzdem gehen zu müssen, ist eine schwere Situation. Das kann man nur verstehen, wenn man sie durchlebt hat.

Gibt es überhaupt so etwas wie eine Berechtigung, an einem Ort zu leben? Ist nicht alles ein großer Zufall? Heute denkt man in Deutschland über Migration anders als damals. Es hat sich so viel verändert und das kann jedem mit Migrationserfahrung Mut machen. Man schaut – so denke ich – sehr auf die Motivation und Begabung der Menschen und ob sie etwas für die Gesellschaft beitragen können. Jedenfalls hoffe ich das.

Flucht in die Schweiz

Für mich sah ich 1974 keinen anderen Ausweg als die Flucht. Mir war klar, Flucht kann nur heißen: Flucht nach vorne und nicht zurück. Ich war neugierig auf Europa und wollte diese Chance, meinen eigenen Lebensweg zu finden, nicht einfach wegen eines Stück Papiers aufgeben.

Gleichzeitig habe ich damals bereits geahnt: Du kannst nirgendwohin zurückkehren. Alles ändert sich so schnell und du änderst dich selbst am schnellsten. Ich wollte nicht, dass Europa nur zu einem Zwischenspiel wurde. Ich wollte mehr. Eine Rückkehr nach Tokio wäre mir wie ein Scheitern vor mir selbst vorgekommen. Natürlich war da eine gute Portion Ehrgeiz und Stolz dabei, aber ich wollte nicht als einer zurückkehren, der es probiert hatte. Ich wollte etwas erreicht haben. Was das sein sollte, wusste ich zwar noch nicht genau. Aber ich war schon immer Musiker gewesen und davon überzeugt, dass meine Musik auch die Deutschen, wenigstens die Bayern, kennenlernen sollten. Ich stand schließlich in ihrer Tradition. Auch wenn ich nicht wie der durchschnittliche Bayer aussah und nicht so sprach. Dafür jodelte ich weit überdurchschnittlich, sodass mir heute noch der eine oder andere Urbayer sagt: »Du bist ein besserer Bayer als ich!«

Also reiste ich aus. Aber nicht sehr weit. Ich setzte mich am Stichtag mit meinem Koffer in den Zug und fuhr gute vier Stunden Richtung Südwesten in die Schweiz. Nächster

Halt Zürich. Das war für mich im wahrsten Sinne des Wortes die Schmerzgrenze. Staatsgrenzen hatten für mich keine Bedeutung. Für mich zählte nur, dass ich im Alpenland bleiben konnte. Die Schönheit der Natur und die Traditionen, die meine Sehnsucht genährt hatten – darum ging es mir und die waren in den Bergen zu finden.

Durch einen Kameraden aus dem Jodelclub, der übrigens »Alpen-Jodler Kameraden« heißt, hatte ich einen Schweizer kennengelernt, der dort lebte. Es ist unfassbar, wie viele gute Menschen das Jodeln zusammenbringt. Es ist keine politische Seilschaft, man verknüpft seine Freundschaften auch nicht mit irgendwelchen Erwartungen. Was Jodler verbindet, ist die alleinige Leidenschaft für Musik. Vielleicht ist es für den einen oder anderen überraschend. Doch mit uns Jodlern ist es etwa so, wie mit einer Motorradgang. Hier zählt nicht, ob du Herzchirurg oder Straßenkehrer bist, sondern nur, dass du dieselbe Leidenschaft und dieselben Werte in dir trägst. Das macht uns alle gleich und schweißt uns zusammen. Es zählt nicht, was du bist, sondern was du liebst!

Ich schlupfte also bei meinem Schweizer Bekannten unter und schrieb mich wieder in einer Deutschschule als Sprachstudent ein. Damit erhielt ich eine Aufenthaltsgenehmigung. Es war so etwas wie ein zweiter Anlauf, ein zweiter Versuch. Wenn ich nun zeigen wollte, dass ich Jodler war, musste ich mir eine Bühne suchen.

Anfang der Siebzigerjahre fanden die Europawochen in Zürich statt: »Zürich in Europa – Europa in Zürich« und ich mittendrin. Es wurden große Festzelte aufgebaut, in denen eine Woche lang Schweizer, österreichische und bayerische Musikkapellen spielten. Für alle war klar, in dieser Volksmusik schlug dasselbe Herz. Ich weiß nicht mehr, worum es bei diesem Fest ging, aber für mich ging es darum, Gemeinsamkeiten zu entdecken, die Staatsgrenzen ansonsten scharf voneinander abgrenzten.

Das bedeutete auch für mich: Nutze deine Chance! Geh auf die Bühne und zeig, wer du bist. Dazu ermutigten mich meine Freunde: Takeo in Zürich – Takeo in Europa! Auf der Bühne sang ich das »Kufsteinlied«, das ich natürlich in der Version von Franzl Lang am besten kannte. Seine Schallplatte hatte das Lied mit dem großartigen Jodler weltberühmt gemacht und das Städtchen Kufstein ebenfalls: die Perle Tirols – das liebe Städtchen am Inn. Was für ein Welthit und ich durfte ihn zelebrieren! Er kam großartig an beim Schweizer Publikum und nach jeder Jodeleinlage gab es Zwischenapplaus. Ich hatte das Gefühl, dass ich ernst genommen wurde und das tat, was ich mir immer erträumt hatte: nicht in irgendeiner Fabrik arbeiten wie in Tokio oder Augsburg, sondern die Leute zu unterhalten. Ihnen ein kleines Stück einer schönen und wohlklingenden Welt zu schenken, deren Innbegriff Kufstein ist.

Ich war in diesen Tagen im Freudentaumel. Aber immer, wenn es hoch hinaus geht, ist der Absturz nicht weit. Das hatte ich schon in Deutschland erfahren. Ein paar Tage später besuchte ich mit meinem Freund ein Bierlokal, um dort ebenfalls zu jodeln. Ich ging zum Wirt und sagte zu ihm: »Ich bin Jodler. Darf ich heute bei dir jodeln?«

»Was willst du hier?«, entgegnete er. »Jodeln? Du?«

»Ja, ich, ich kann sehr gut jodeln!«

»Ein Japaner? Auf keinen Fall!« Er meinte, dass er das seinem Publikum nicht zumuten könne. Bis heute bin ich mir nicht sicher, warum ich so vor den Kopf gestoßen wurde. Dachte er, ich wolle ihn hinters Licht führen? Oder dass ich eine peinliche Nummer abliefern würde? Hielt er mich für einen Witzbold? Oder meinte er wirklich, ich könne nicht jodeln? Oder dachte er vielmehr, ein Japaner dürfe nicht jodeln? Weil das nicht zusammengehört: ein Japaner, der jodelt, unnatürlich wie ein Bayer im Kimono?

Ich selbst lernte als Jugendlicher dank Willy Okiyama, dass Japaner auch jodeln können. Vielleicht war das bei diesem Wirt noch nicht angekommen. Aber wahrscheinlich dachte sich dieser Wirt überhaupt nichts. Das soll auch vorkommen und mit dieser Antwort kann ich am besten leben.

Jodler von Beruf

Ich ließ mich nicht entmutigen. Auch wenn sich meine ersten Gehversuche auf europäischer Bühne zwischen Freude und Frust bewegten. Mein Jodelkamerad und ich zogen weiter durch die Lokale und stolperten wie vom Schicksal gestoßen ins »Schäfli«.

Inzwischen hatte ich meine lehrreichste Erfahrung gemacht: Wenn du ein Talent hast, höre nicht auf das Urteil von irgendwelchen Wirten, Veranstaltern oder Plattenchefs. Du musst zu deinem Publikum vordringen. Das Publikum allein wird entscheiden, ob du gut genug bist, um auf der Bühne zu bestehen. Heute ist es wegen Youtube, Tiktok oder Spotify verhältnismäßig einfach, ein Publikum zu finden. Damals brauchtest du eine reale Bühne und einen Veranstalter. Für Wirte zählte nur ihre Kundschaft. Niemand sollte anecken und alle sollten sich wohlfühlen. Es ging um Umsätze und nicht darum, etwas Neues auszuprobieren.

Auch hier war vor 50 Jahren die Welt eine andere: Man suchte noch nicht nach echten Attraktionen und nach Abwechslung. Man setzte auf Gewohnheiten, auf Beständigkeit. Natürlich wirkte in dieser Welt ein jodelnder Japaner wie eine Störung. Aber diese Provokation gefiel mir von Anfang an sehr gut. Wahrscheinlich konnte ich mich deswegen so viele Jahre im Gespräch halten. Nicht nur wegen des Jodelns, sondern auch aus diesem Grund, dass ich einfach anders war. Damals fiel das andere auf, weil alles immer gleich bleiben sollte. Heute sucht man das andere, weil man eine bunte Welt zeigen will, in der sich alles wandelt. Ich saß hier mein Leben lang also zwischen den Stühlen. Für damals war ich fast zu außergewöhnlich, für heute bin ich schon fast zu normal.

Wie konnte ich also damals mein Publikum erreichen? Ganz einfach! Ich suchte Verbündete und fragte die Musiker im »Schäfli«, ob sie mir nicht mal das Akkordeon ausleihen würden und ob mein Kamerad und ich nicht einmal jodeln dürften. Natürlich! Was sollte schon dabei sein! Berufsmusiker, die den ganzen Tag oder Abend in der Kneipe stehen, sind ganz froh, wenn ein Kollege übernimmt. Und dann so etwas! Ein jodelnder Japaner!

Bei meinem Auftritt blieb den Leuten der Mund offenstehen. Sie meinten, Franzl Lang vor sich zu sehen oder wenigstens einen absoluten Profi. Die Begeisterung war ansteckend. Jodeln ist eine sehr technikintensive Art, Musik zu machen. Du musst sie erlernen, üben und beherrschen. Jodeln ist das Kunstturnen oder die Akrobatik unter den Musikgenres. Es gibt ganz klare Übungen, die du absolvierst, es gibt sportliche Momente und künstlerische, es gibt riskante Stellen, an denen du vorbeikommst – oder du fällst. Es gibt klare Fehler. Die Leute sagen nachher: Er hat sehr gut gejodelt. Oder: Er hat schlecht gejodelt. Es geht nicht nur um Schönheit, sondern immer auch um Virtuosität. Jodeln ist eine Kunst, die noch ganz klassisch von

Können kommt. Und wenn dich jemand feiert, dann heißt es: Ich finde, der kann etwas. Das mitzubekommen, ist etwas ganz Großartiges! Mein Auftritt im »Schäfli« war magisch, das haben alle gespürt, auch ich selbst.

Der Wirt sagte nachher zu mir: »So gut jodeln können nicht einmal die Schweizer.«

Ich bedankte mich sehr und fragte, ob ich mal wieder in seinem Lokal jodeln dürfe. Er lachte und sagte: »Mein Junge, jetzt bleibst du ein paar Wochen bei mir! Ich gebe dir Kost und Logis und vielleicht bekommst du bald ein gutes Taschengeld.« Er ahnte wohl, dass man mit mir Geld verdienen könne, sodass es sich für uns beide lohnte. Er ließ mir tatsächlich drei Mahlzeiten auf mein Zimmer bringen und bezahlte mir 50 Franken für meine Auftritte. Nicht sehr viel. Aber ich brauchte kein Geld.

Die Begeisterung im Lokal war so groß gewesen, dass bereits am nächsten Tag Presse vor Ort war. Das Schweizer Fernsehen SRF war auf mich aufmerksam geworden und ich war damals in der kultigen Live-Sendung »Nachtexpress« zu hören. Einem Sendeformat, in dem das erste Mal auch Hörer direkt in der Sendung angerufen haben und Musikwünsche äußern konnten. Die Redaktion war damals sehr im Aufbruch und suchte immer auch nach guten Geschichten, die Menschen bewegten. Und ich schien hier gut zu passen.

Hier gab ich mein erstes Interview in der Schweiz. Was ich damals sagte, weiß ich nicht mehr. Aber das ist auch nicht wichtig. Was zählt, ist, dass nicht die Ablehnung der Schweizer überwog, was man ihnen gerne zuspricht, sondern ihre Zustimmung. Ich war – sozusagen über Nacht –bekannt geworden. Berühmt, das wäre zu viel gesagt. Aber immerhin: Die Sensation des »jodelnden Japaners« war geboren. Meine Passion fürs Jodeln war für die Journalisten eine dankbare Geschichte. Jeder wusste, wie ein Japaner aussah, und jeder wusste, wie ein Jodler klang. Diese Kombination hatte es noch nie gegeben für das deutschsprachige Publikum. Das Beste dabei war: Für mich war Jodeln das Normalste der Welt. Ich musste mich nicht verbiegen oder irgendetwas lernen, was mir fremd war. Ich war der Exot und bin es wohl noch heute. Aber davon nahm ich überhaupt nichts wahr.

Ich jodelte mich von Woche zu Woche. Für meine Reisen sparte ich mein Handgeld und lebte von dem, was das Wirtshaus mir zu essen gab. Ein Jahr später stand ich vor demselben Problem wie in Augsburg. Ich besaß bald keine Aufenthaltsgenehmigung mehr. Darum bat ich den Wirt vom »Schäfli«, in seinem Lokal arbeiten zu dürfen. Tatsächlich machte er sich auf den Weg zum Amt und besorgte mir eine Arbeitsgenehmigung. Das war 1975. Mit diesem Tag bin ich zum Berufsjodler geworden und bin heute inzwischen wohl der Dienstälteste. Jodeln hatte mich nach Europa gebracht und ließ mich jetzt auch in der Schweiz bleiben. Berufsjodler ist vielleicht ein unscharfer Begriff. Ich war vielmehr ein jodelnder Gastarbeiter, denn ich musste jedes Jahr für zwei Monate ausreisen. Erst dann durfte ich wieder zurückkommen.

Inzwischen hatte ich meine eigene Wohnung, die ich durch Jodelauftritte finanzieren konnte. Ich brauchte kein Geld von Eltern oder Verwandten, sondern verdiente ganz gut. Natürlich war das Geld immer knapp. Aber das macht eine Jugend erst so reizvoll. Wenn man immer an der Grenze lebt, immer am Limit: sei es nach oben oder nach unten. Welcher Jodler konnte sich bitte schön ein eigenes Auto vom Jodeln leisten? Ich finanzierte es und überwies jeden Monat brav meine Raten, als ob ich ein normaler Angestellter gewesen wäre, was sich das Autohaus nicht vorstellen konnte. Mein Leben war wie jedes Musikerleben so unberechenbar wie ein Kurztrip an den Nordpol: Die Reise ist zwar sehr reizvoll, aber die Gefahr, dass du erfrierst, ist auch sehr groß.

Mit der Glockenspielorgel.

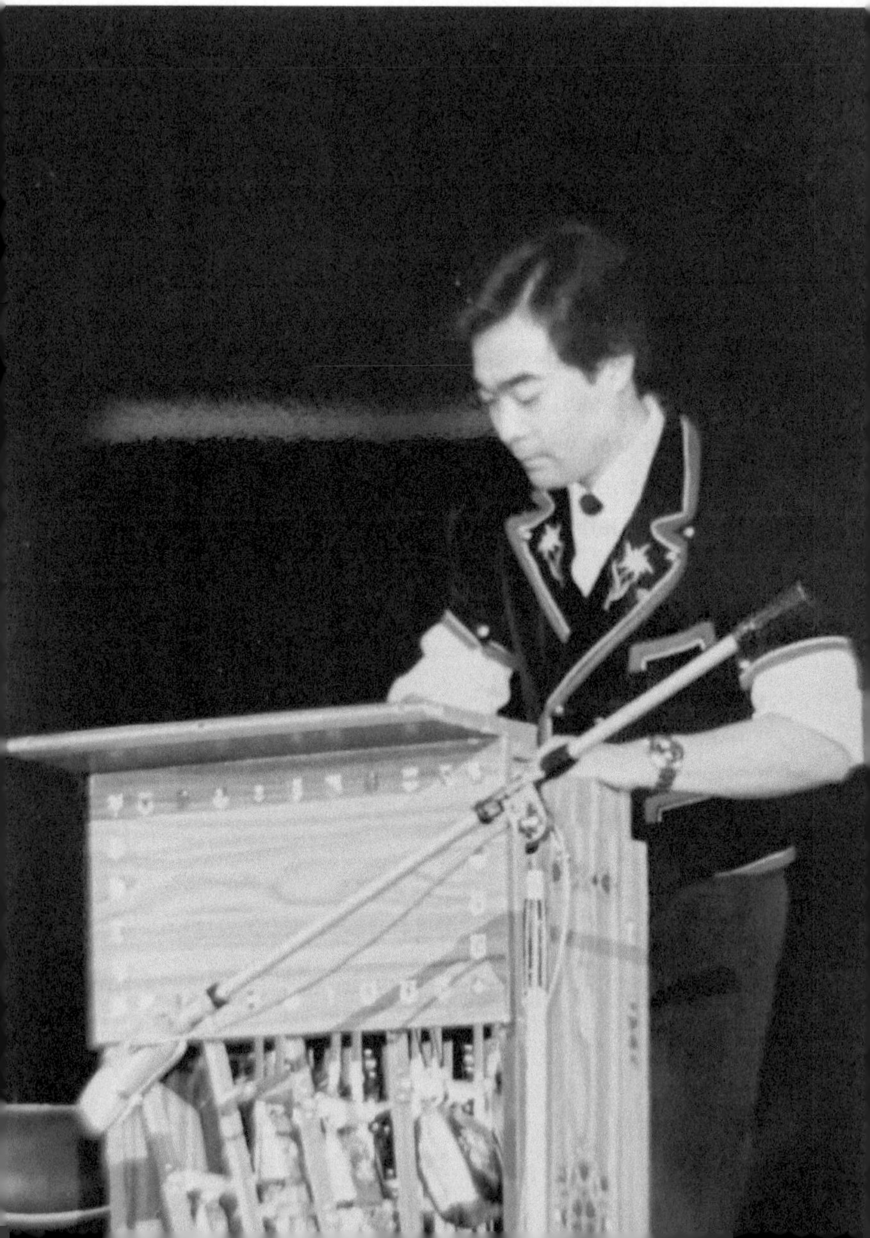

Internationale Chickenfarm

Es gibt mehrere Träume, die ein Musiker hat. Der erste Traum ist, ein Publikum von der Bühne aus zu begeistern. Der zweite ist ganz ähnlich: Ein Publikum von der Schallplatte aus in den Wohnzimmern zu unterhalten. Auch ich träumte von der ersten eigenen Platte. Es ist ganz merkwürdig. Was nützt es einem Musiker, wenn er weiß, dass man seine Musik hört? Es geht auch hier um die Wertschätzung, dass Menschen immer und immer wieder einen Song hören möchten. Das motiviert einen ungemein!

Schließlich produzierte ich mit Freunden zusammen eine eigene Single. Da eines meiner Lieder, das am besten ankam und heute noch ankommt, »Bibi Hendl« ist, haben wir nicht nur die Platte so genannt, sondern auch die Plattenfirma dem Federvieh gewidmet: Chickenfarm International. Am 23. Juni 1974 erschien die Platte und umfasste neben »Bibi Hendl« das »Kufsteinlied« auf Japanisch, den »Kuckucksjodel« und »Bergvagabunden«. Auf dem Cover trage ich einen Lodenhut, ein rot kariertes Hemd, natürlich eine Lederhose und schultere ein Alphorn. Auflage: 500 Stück. Heute ist das eine echte Kultplatte und für mich persönlich ein wichtiger Meilenstein in der Biografie.

Chickenfarm war ein kurioses Trio. Es begann mit einem einzigen Satz: »Takeo, du kannst so gut jodeln, das Bibi Hendl und alle Hits. Da machen wir eine Platte!« Kurze Zeit später haben wir eine richtige Pressekonferenz gemacht und Einladungen an die Züricher Zeitungen geschickt. Wir schmückten einen kleinen Hof mit Hühnern aus Stoff. Davon hatte ich 20 Stück selbst genäht und stand schließlich in Lederhose für ein kleines Konzert auf der Bühne. Die Presse berichtete zwar, aber es wurde nicht geschrieben, dass ich eine Zukunft als Jodelstar habe, sondern nur, dass ich auf einmalige Art und Weise gezeigt habe, dass man als Japaner auch jodeln könne.

Einer unserer Gruppe war im Hauptberuf Polizist, weswegen wir dann in den Fußballclub der Polizei zu einem Auftritt eingeladen wurden. Ich glaube, es war die Kriminalpolizei, weil dort niemand eine Uniform trug. Das große Fest fand im Kongresshaus in Zürich statt. Ich bin heute noch sehr stolz, dass wir damals einen solchen Auftritt bekommen haben.

Immerhin griff mich später die große Züricher Boulevardzeitung »Blick« auf, zeigte ein großes Bild und schrieb über mich: Ein Japaner jodelt wie ein richtiger Älpler. Der Bericht ging in die gesamte Schweiz – heute würde man sagen: viral.

Wegen meiner wachsenden Bekanntheit produzierte die Schweizer Schallplattenfirma Helvetia meine erste »richtige« Single, die für den Verkauf gedacht war. »Der jodelnde Japaner Takeo Ishii« war hier noch zu lesen und ich sang zwei Stücke: »Von Luzern gege Weggi zue« und »De Gämsälijäger«.

Meine Kunst ist fürs Erleben gedacht. Hier funktioniert der Liveauftritt und das Fernsehen besser als die Platte. 1978 hatte ich einen Gastauftritt in der Fernsehquizshow »Wer dreimal lügt«, in der es um die Frage ging, ob es einen Jodelclub in Japan gibt. Also wieder dieselbe Geschichte: Viele der Teilnehmer und Zuschauer konnten sich das kaum vorstellen. Ich war sozusagen der lebende Beweis dafür, dass auch Japan jodelt und trat als Mitglied des japanischen Jodelclubs auf. Ganze 13 Minuten durfte ich in der Liveübertragung gestalten, die an einem Samstag um 20.15 Uhr, zu einer durchaus beliebten Fernsehzeit, ausgestrahlt wurde. Fünf Minuten erzählte ich meine auswendig gelernte Geschichte über japanische Traditionen und Bräuche, den Rest der Zeit jodelte ich unter Begleitung eines Schweizer Jodelclubs.

Nach diesem fast viertelstündigen Auftritt im Schweizer Fernsehen meldete sich bei mir die Firma Eugster. Sie wollten eine Langspielplatte und MC mit mir produzieren. Tatsächlich lag darin für mich ein weiterer großer Schritt. Die Platte erschien 1978 in den Läden und war schlicht betitelt mit »Der jodelnde Japaner«. Das war eine Marke, die inzwischen bekannt war. Kein anderer als Takeo Ischi erfüllte dieses Muster und nach fünf Jahren in den deutschsprachigen Medien wussten alle, die sich für volkstümliche Musik interessierten, wer ich war und dass ich jodeln konnte.

Obwohl die Auflage nicht besonders hoch war, kamen so gut wie alle Platten zurück. Man hat mir erklärt, dass es für meine Platte keinen Platz gäbe, da die Schweizer nur Schweizer Produkte wollten und keine japanischen. Das war eine echte Hiobsbotschaft. Die Läden konnten offenbar die Story vom jodelnden Japaner nicht verkaufen, es gab dafür kein Fach im Plattenregal. Hieß das, man könne meine Musik nicht vermarkten?

Die Enttäuschung war groß. Man könnte sagen: Ich war ein Systemfehler. Wenn ich Schlager gesungen hätte, dann wäre alles anders gewesen, dann hätte ich als Charakterkopf gut in die Schiene gepasst. Aber das Schweizer Jodeln hat Tradition und eine Tradition solle bestehen bleiben, wie sie immer war. Wenn das ein Japaner macht, war das dann noch Tradition? Die Leute hatten einfach Angst, so etwas zuzulassen. Ich habe traditionelle Schweizer Jodellieder gesungen mit meinem Akkordeon und im Schweizer Dialekt. Natürlich hat man an meinem Stimmklang herausgehört, dass ich Japaner bin, das war natürlich nicht authentisch, wie man so schön sagt.

Dieser Gedanke brachte mich durcheinander. Hieß das auch, dass ich nie ein echter Profimusiker sein kann? Wer volkstümliche Musik macht, lebt sowieso schon mit dem Problem, keine eigenen Titel zu haben, sondern »Volksgut« zu interpretieren. Wie steht es dann um dich, wenn die Leute deine Interpretation nicht auf Platte haben möchten? War der Flop ein Problem der Plattenfirma oder lag es an dir selbst?

Diese Fragen quälten mich und ich nahm nicht wahr, dass ich in dieser Zeit die besten Auftritte meines Lebens hatte. Meine Gagen stiegen von 50 Franken auf 2.000

Franken und ich spielte in St. Moritz, Genf, Arosa, Davos und an den schönsten Orten in den Alpen. Aber ich spielte nicht nur in den Alpen. Meine musikalischen Erfolge führten mich auch zurück nach Japan. Da eine japanische Firma, die eine Niederlassung in der Schweiz besaß, Volksmusiker auf Japantournee schicken wollte, kam man auf mich. Der japanische Jodler Takeo Ischi auf Japantournee – ein Reimport, sozusagen. Meine Platte und die MC haben sich in Japan dann auch sehr gut verkauft und ich wurde das erste Mal in Japan ein Begriff. Für das dortige Publikum wirkte allerdings erst die Zusammenarbeit mit »echten« Schweizern als Qualitätssiegel für mein Jodeln. Wer mit Schweizern zusammen professionell Musik macht, der kann es auch. So dachte man in Japan.

Meine Platten haben mich nicht reich gemacht, aber doch bekannter und sie haben mein Leben gelenkt. Schicksalshaft für mich persönlich und auch für meine Karriere: 1980 kam eine MC in die Hände von Maria Hellwig. Eine gemeinsame Bekannte und Reiseleiterin hatte sie ihr gegeben. Maria moderierte damals ihre ZDF-Sendung »Früh übt sich«. Nachdem sie meine MC gehört hatte, lud sie mich ein, schließlich ging es in der Sendung um »Meister und solche, die es noch werden wollen«. Das war eine Begegnung, die mein Leben veränderte.

Lieblingsjodler

Bevor es weitergeht und ich davon berichte, wie ich in Reit im Winkl eine echte und bleibende Heimat gefunden habe, möchte ich erzählen, was meine liebsten Stücke sind, meine absoluten Lieblinge, die ich immer wieder gerne jodle und die ich jedem ans Herz lege.

»The Alpine Milkman« von Willy Okiyama
Als Japaner, der in Amerika lebte, war er gewissermaßen ein Country-Jodler. Durch ihn wurde ich auf das Jodeln aufmerksam, weil mich seine außergewöhnliche Technik total beeindruckte. Außerdem: Ja, Japaner können jodeln, und wie!

»Der Appenzeller« von Franzl Lang
Dieses Stück ist ja inzwischen genauso legendär wie sein Interpret, der eigentlich fast nicht zu übertreffen ist in seiner Virtuosität und seiner schnellen Jodeltechnik. Sein Erbe in der Volksmusikszene ist riesig. Aber dieses Stück gefällt mir besonders, weil es als Hymne dieser Region alles einfängt, was hier so typisch ist. Dieser Jodelstil hat mich sofort begeistert und es ist ein Stück, an dem ich mich bis heute immer wieder abarbeite. Ob ich es genauso gut wie Franzl Lang interpretiere, weiß ich nicht. Aber er war und ist hier immer mein Maßstab gewesen.

»Der Kuckucks-Jodler« von Franzl Lang
Als ich diesen Jodler das erste Mal hörte, war es nicht nur die Melodie, die mir sofort im Gedächtnis blieb, sondern auch das Nachahmen des Kuckucks. Ich wollte dann auch Tierstimmen nachmachen und ich habe es bereits erzählt: Es wurde mir sozusagen in die Wiege gelegt. Der »König des Jodelns« hat hier auch noch einmal mehr gezeigt, dass es nach ihm keinen zweiten geben wird.

»Erzherzog Johann-Jodler« von Loni Heumann
Dieses Stück war zu seiner Zeit sehr bekannt und oft im Radio zu hören. Es berührte mich sofort wegen seiner wunderschönen Melodie. Die starke und klare Stimme von Loni Heumann ist unverwechselbar. Es sind häufig auch die Frauen, die das Jodeln großgemacht haben und viel für die Popularität getan haben. Das wird sehr oft übersehen. Ich sehe die orangene Polydor-Platte von 1958 genau vor mir. Die höchsten Höhen, die hier erreicht werden, mischt das Jodeln mit wahrer Gesangskunst, wie man sie vom klassischen Gesang kennt. Wo sich Kunst und Natur verbinden, da fühle ich mich als Hörer am wohlsten.

»De Haas«
Dieses Stück muss man hören – ich garantiere ein absolutes Gänsehautgefühl. Es gibt wenige Stücke, die so viel Spaß machen zu hören und zu singen!

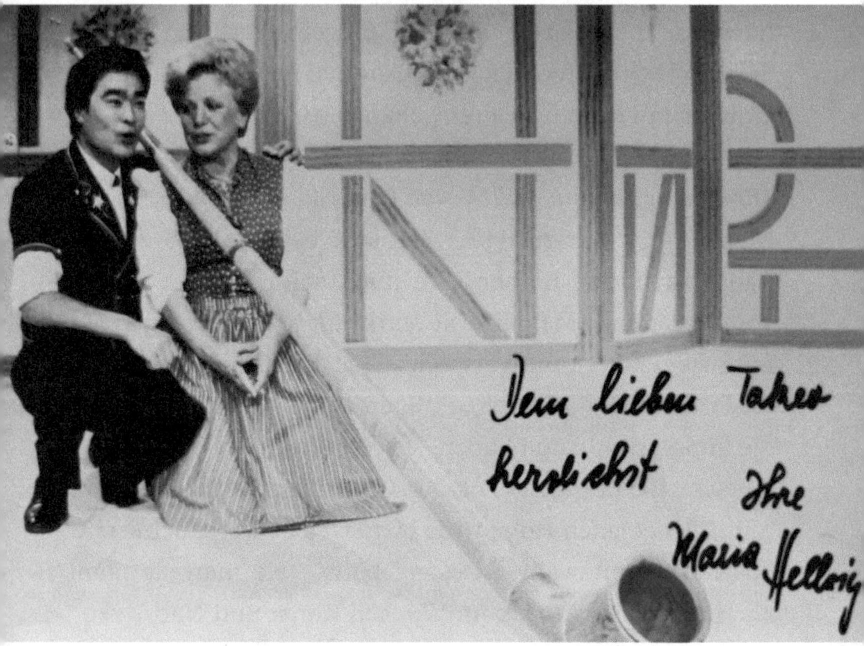

Großartige Zeiten mit Maria Hellwig.

Auf in den Kuhstall

1980 saß ich also bei Maria Hellwig in der Sendung und daraufhin des Öfteren bei ihr und Addi in Reit im Winkl. Wer mich kennt, der weiß, dass ich selbst seit 1981 dort lebe und nie wieder umgezogen bin. Die beiden haben mich zurück nach Deutschland gebracht und mitten rein ins Getümmel des »Kuhstalls«. Für die Musik, aber auch wegen der Freundschaft. Es war in der Musikszene damals nicht anders als in den Fußballvereinen. Die Freundschaft zählte mehr als das Geld und man kämpfte für die gemeinsame Sache: dass jeder ein gutes Leben führen konnte. Vielleicht idealisiere ich die Zeit. Aber es kommt mir schon so vor, dass die Charaktere vor gut 40 Jahren keine Medienprodukte waren, sondern einfache Menschen ohne große Allüren.

Nach gut sieben Jahren in der Schweiz habe ich dieses kleine Land in- und auswendig gekannt. Ich habe schon in jedem Kanton gespielt und kannte die größeren Bühnen und Festivals. Das Problem: Das Publikum kannte mich ebenso. Das konnte auf Dauer nicht gutgehen. Die Schweiz war mir zu klein geworden, wollte ich weiterhin als Berufsmusiker existieren.

1981 zog ich endlich von der Schweiz wieder zurück nach Deutschland, weil ich eine Genehmigung für meine Tätigkeit als Berufsjodler erhielt. Ich war Angestellter des »Kuhstalls«, des wichtigsten Zentrums der volkstümlichen Musik. Addi Hellwig hatte mir dabei geholfen, er und

Maria stellten mich also im Restaurant ein. Damit ging ein Traum mit ein paar Jährchen Verspätung in Erfüllung. Neben vielen Stammgästen waren täglich viele Reisegruppen mit Fans von Maria und Margot Hellwig zu Gast. Sie haben viel für die volkstümliche Musik getan und sind immer bodenständig geblieben. Es war eine sehr große Ehre für mich, dass ich als Neuling vor all diesen Menschen auftreten durfte – oft sogar an der Seite von Maria Hellwig. Ich verdanke ihr sehr viel, denn sie schenkte mir Vertrauen als Künstler und suchte nicht das Exotische an mir, sondern schlichtweg die Jodelkunst.

Es klingt vielleicht kitschig, doch hier ging es schon sehr vertraut und familiär zu. Eines Abends sang ich im Kuhstall »Bibi Hendl« und schloss das Lied wie üblich ab mit dem Satz: »Gackern kann ich gut, Eierlegen aber nicht.« Ich war es gewohnt, dass die Leute daraufhin gewöhnlich lachten. Es war mir aber neu, dass sie gar nicht mehr aufhörten. Was ich nicht mitbekommen hatte: Ein Stammgast war während meines Auftritts hinter mich getreten und zeigte dem Publikum eine große, gusseiserne Pfanne. Diese stellte er auf einer Lautsprecherbox ab, packte einen Eierkarton aus einer Leinentasche und schlug ein paar Eier in die Pfanne. Diese Abende waren immer für eine Überraschung gut!

Einmal nahm mich Maria Hellwig mit nach Linz, wo ich Karl Moik kennenlernte. Ein Jahr später lud er mich in seine Sendung »Musikantenstadl« nach Österreich ein. Sie ist bis heute der Inbegriff für Volksmusik im Fernsehen geworden und wer dort auftrat, gehörte nun mal zum Who is Who der volkstümlichen Musik. Ich sang auch hier »Bibi Hendl«, außerdem »Ich wünsch mir eine Jodelbraut«. Es kam so gut an, dass mich Karl Moik mit auf seine Tournee durch Österreich nahm: Ich trat im Burgenland, in Kärnten, der Steiermark, in Nieder- und Oberösterreich, in Salzburg, Tirol, Vorarlberg und Wien auf. Schnell wurde ich durch die Tournee in ganz Österreich bekannt und verkaufte bei jedem meiner Auftritte hundert LPs und MCs.

Es waren goldene Zeiten für die Volksmusik und für Musiker wie mich. Nicht nur finanziell ging es steil bergauf, sondern auch mit meinem Selbstbewusstsein. Es tut gut zu wissen, dass du dieses Leben, für das du dich nun einmal entschieden hast, auch weiterführen kannst. Das erste Mal im Leben hätte ich planen können, auch wenn ich das – abgesehen von meinen Auftritten – nicht tat. Ich war endlich im Business angekommen und es gab großartige Begegnungen und Konzerte.

In dieser Zeit musste ich ständig weite Strecken zwischen Deutschland und Österreich zurücklegen. Erst später wurde mir das Fahren auf Dauer zu anstrengend und ich sagte einige Engagements in Österreich ab. Doch damals nahm ich jeden Auftritt mit und konnte nicht genug bekommen von der Bühne – und das Publikum häufig nicht von mir.

Wie hatte ich das damals geschafft? Ich bin selbst gefahren und musste oft auch selbst aufbauen. Oft wusste ich auf der Fahrt noch nicht, wo ich schlafen würde und musste mir nach der Ankunft erst einmal ein Hotelzimmer suchen. Ich bin sehr geordnet und organisiert. In der Zeit vor dem Internet war das alles etwas aufwendiger. Man musste sich eben auskennen. Aber wenn man jung ist, steckt man viele Strapazen leicht weg – weil man sich einfach keine Gedanken macht. Ich war ganz im Hier und Jetzt. Ich wünsche mir diese anstrengenden Jahre nicht zurück, aber vermissen will ich sie ebenfalls nicht.

Gemeinsam mit Karl Moik und Wieland Backes.

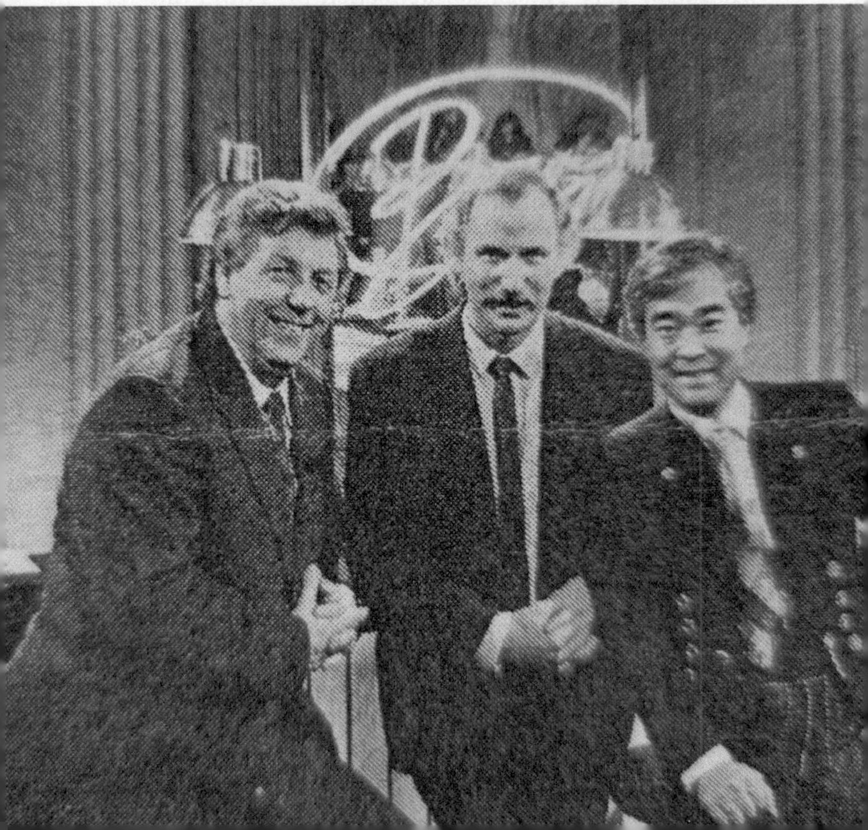

Der Höhepunkt

Mich überwältigten die ersten Auftritte in großen Hallen. Ich spielte in Deutschland, Österreich, der Schweiz und auch in der DDR. Im Friedrichstadtpalast und an anderen großartigen Orten durfte ich jodeln. In Wien vor über 3.000 Menschen, in der damaligen Deutschlandhalle in Berlin und im CCH, Hamburg. An die Perspektive von großen Bühnen musste ich mich erst einmal gewöhnen. Irritierend war anfangs, nur die Menschen in der ersten Reihe richtig sehen zu können. Der Rest des Saals war dunkel, obwohl sich dort Tausende Menschen im Publikum versteckten. Ähnlich wie bei Fernsehauftritten nahm das, was ich tat, etwas Abstraktes an. Ich sang und jodelte nicht mehr für ein paar Hundert Menschen, sondern für eine Masse. Natürlich tat es mir gut, wahrzunehmen, dass meine Musik massentauglich war, aber es brauchte sehr viel Disziplin, natürlich zu bleiben, weil die Welt um einen herum immer künstlicher wurde.

Bei meinen Auftritten war ich solo auf der Bühne. Entweder trat ich alleine auf oder mit Kapelle. Heute ist viel Halbplayback im Spiel. Das bin ich inzwischen gewohnt, aber früher war es normal, dass die Kapelle dazu spielte. Die Leute waren dem Halbplayback gegenüber am Anfang skeptisch eingestellt, das hatte man an der Atmosphäre gespürt. Musik vom Band und Gesang aus den Boxen, das kam nicht gut an. Dabei wollte man immer nur die Qualität sichern. So war es auch mit der Einführung des Vollplaybacks in Fernsehsendungen. Das ist der sicherste Weg, dass die Übertragung stimmt und auch die Qualität der Perfomance.

Man muss sich an so vieles gewöhnen. Das Leben zwischen den beiden Kulturen, zwischen der deutschen und japanischen, gehörte für mich auch dazu. Ich erinnere mich gut an einen Auftritt in einer Militärkaserne in Japan. Nach meinem ersten Stück wurde ich mit Korken beschmissen. Ich verstand das als Beleidigung und musste an mich halten, meinen Auftritt nicht abzubrechen.

Zwischenrein sagte mir einer: »Die Soldaten feiern dich! Mach weiter!« Und tatsächlich schaute ich in Gesichter glücklicher Menschen, die mir Komplimente machten, wenn auch in einer Form, von der ich noch nie etwas gehört hatte.

Es entstanden Freundschaften mit Fans und Kollegen und es gab Auftritte wie beispielsweise im Europa Park, die mir sehr viel bedeuteten. Damals war ein internationales Event und es waren viele Besucher aus aller Welt da. So bunt hatte ich unser Leben noch nie wahrgenommen. Was für eine schöne und bleibende Erfahrung!

Auch als berühmtester japanischer Jodler ist es nicht so wie bei Rockstars, die sich vor Groupies in Sicherheit bringen müssen. Ein paar Ausnahmen gab es sicherlich. Bei einem Auftritt zum Frühschoppen in Duisburg, zu dem nur 300 Gäste erwartet wurden, kam es zu einer unglaublichen

Situation. Als ich vor dem Veranstaltungssaal vorfuhr, wartete bereits eine Menschenmenge auf den »Star aus dem Musikantenstadl«. Ich konnte gerade noch mein Auto einparken, als sie mich bereits umringt hatten. Sie streckten mir Platten und Veranstaltungsposter entgegen und wollten Autogramme. Ich habe keine Verbindung mit dieser Stadt und weiß über Duisburg so gut wie nichts. Warum liebten so viele Menschen dort meine Musik? Das war ein magischer Moment. Jodeln verbindet Menschen. Was wir schön finden, das bringt uns näher zusammen.

Ich erinnere mich auch an einen Fernsehauftritt mit Maria Hellwig. Hier schenkte mir Hannelore Kohl, die Ehefrau des ehemaligen deutschen Bundeskanzlers Helmut Kohl, einen eigens bemalten Porzellanteller mit feinen Blumenverzierungen. Sie malte Heilpflanzen auf Teller. Warum, weiß ich nicht. Aber es hat mich sehr geehrt, einen Teller geschenkt zu bekommen. Wer erhält schon ein so persönliches Geschenk von einer hoch angesehenen Politikerfamilie?

Ich war wirklich angekommen in Deutschland und fühlte mich mehr als wertgeschätzt. Doch nicht nur dort. Es war die Zeit, in der ich begann, auch international, also jenseits der deutschsprachigen Welt und Japans aufzutreten. Bis heute ist es dabei geblieben, dass ich immer wieder überrascht bin, wer mich wo auf der Welt kennt. Das kann ich inzwischen Woche für Woche in den Kommentaren meiner TikTok- und YouTube-Filme lesen.

Ich bin sehr dankbar dafür, so viele Kontinente gesehen zu haben. Besonders beeindruckend war die Reise nach Taiwan. Aber auch die amerikanischen Städte, die ich besuchen durfte, blieben mir prägend in Erinnerung. Ich sah Milwaukee, die größte Stadt im US-amerikanischen Bundesstaat Wisconsin. Hier habe ich zwei dreitägige Konzertserien gegeben. Auch in der glanzvollen Weltstadt New York hatte ich die Ehre, Menschen mit meiner Musik begeistern zu können.

Mit Maria und Margot Hellwig war ich dann auch jedes Jahr zwei Monate lang auf Deutschlandtournee. Alles begann 1984 mit den »Lustigen Musikanten«. Danach gehörte es dazu wie der Frühling, Sommer, Herbst und Winter. Die Auftritte mit den beiden war meine fünfte Jahreszeit. Dadurch wurde ich tatsächlich berühmt – auf großen Plakaten war mein Name zu lesen. Aber kaum einer kannte meinen Namen. Für alle war ich »der jodelnde Japaner«. Meinen richtigen Namen kannten die Wenigsten. Das wollte ich ändern. Ich legte so viel Liebe und Herzblut in die Musik, dass ich auch mit meinem ganzen Wesen auftauchen wollte und nicht nur als ein Japaner unter vielen. Ich nannte mich »Der Meisterjodler aus Japan – Takeo Ischi«. Doch war das mein wirklicher Name?

Ich heiße eigentlich »Ishii« und habe mich zu einer Eindeutschung meines Namens entschieden, weil es für Deutsche zu schwierig war, ihn in seiner korrekten Schreibweise richtig auszusprechen. Dabei ist es doch ganz einfach:

Takeo wie Tokio und Ischi wie »Uschi«. Ins Deutsche übersetzt heißt Ishii so viel wie »Steinbrunnen«. Ich liebe meinen Namen, weil er mich inspiriert. Nichts anderes tust du als Musiker: Tag für Tag aus den Tiefen der Inspiration zu schöpfen. Für meine Karriere war es aber unerlässlich, ihn zu verunstalten.

Bis heute habe ich es nicht vollständig geschafft, meinen Namen – egal in welcher Schreibweise – so bekannt zu machen wie meine Erscheinung als jodelnder Japaner. Aber da geht es mir wie vielen Menschen in der Kunst und den Medien. Das ist doch der, der in diesem Film mitgespielt hat. Das ist doch die mit dieser Affäre ... Vielleicht ist das auch die Tragik eines Künstlers. Du zeigst so viel von dir und bist selbst sehr unsichtbar. Es war auch der Grund, warum diese Autobiografie für mich wichtig ist. Nämlich um zu zeigen: Schaut her, das ist Takeo Ischi, den ihr nur als jodelnden Japaner kennt.

Ich darf mich nun wirklich nicht beschweren. Anerkennung habe ich viel erfahren – immer wieder. Schließlich hatte ich auch das riesige Glück, von Maria Hellwig für die Hermann-Löns-Medaille vorgeschlagen zu werden. Die Jury entschied sich tatsächlich für mich und ich stand plötzlich, was die Verdienste um die Volksmusik angeht, in einer Reihe mit Heino, René Kollo, Alfons Bauer oder Rudi Knabl. Inzwischen wird der Preis nicht mehr verliehen, aber damals war das eine Riesensache. Die Ministerpräsidenten von Süd nach Nord, von Bayern und Schleswig-Holstein, der Bürgermeister von Berlin und der Bundesinnenminister waren die Paten des Preises. Es kam mir vor, wie ein Staatsorden und so wurde er auch inszeniert. Sicherlich gab es im Bereich der klassischen Musik einige erfolgreiche Japaner, aber in der Volksmusik war und bin ich bis heute der Einzige, der es zu solch einem Erfolg gebracht hat. Eine Goldene Schallplatte erhielt ich zwar keine, aber diese Plakette wog mehr für mich.

Das war 1986. Ein Jahr zuvor gab es allerdings ein noch wichtigeres Ereignis, das mein Leben bestimmen sollte. Bereits kurz nach meiner Anstellung im Kuhstall lernte ich 1981 Henriette kennen. Sie war dort Köchin und eine bezaubernde Frau, in die ich mich unsterblich verliebte, nicht nur wegen ihrer Kochkünste. 1985 sagte sie Ja zu mir und wir heirateten.

Ich war also prämierter Profijodler, tourte mit den wichtigsten Akteuren der deutschen Volksmusik und lebte am schönsten Flecken der Welt, in Reit im Winkl. Eigentlich würde ich hier gerne weiterblättern und nicht mehr in meiner Erinnerung rumsuchen. Doch auch die Schattenseiten gehören zu meinem Leben. Ich war in Gefühlssachen immer ein ungeduldiger Mensch, der sich gerne und schnell aufgeregt hat. Jodeln konnte ich stundenlang, immer wieder von vorne. Aber Gefühle haben mich innerhalb von zwei Sekunden zum Explodieren gebracht. Inzwischen hat mich meine liebe Henriette aber in den Griff bekommen. Ich habe so hohe Ansprüche an mich, dass ich sie in mehr als einer

Lebenslage nicht einlösen konnte. Ich will also so diszipliniert sein und auch von einem Ereignis erzählen, an dem ich fast zerbrochen wäre. Es stimmt wohl schon: Wenn das Leben dir so viel schenkt wie mir, dann kommt der Tag, an dem es dir etwas nimmt, das dir sehr wertvoll ist.

Wer erkennt den echten Takeo?

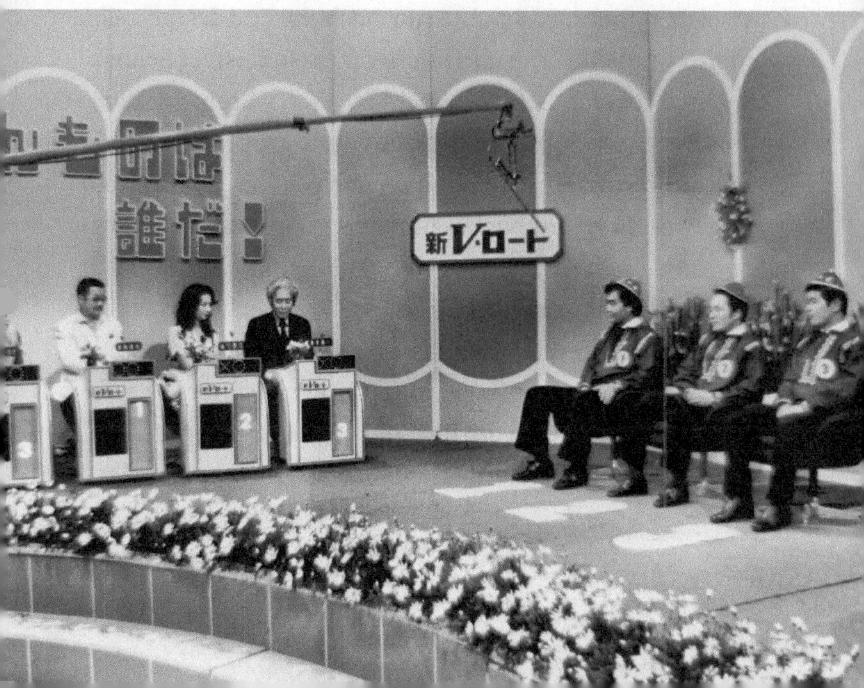

Mein Sturz ins Bodenlose

An einem Sonntag im Jahr 1988 musste ich abends im »Kuhstall« auftreten. Ein ganz normaler Sonntag also. Es war schönes Wetter. Wir befanden uns auf einer Straße kurz vor Klagenfurt, der Hauptstadt Kärntens. Dann sprang plötzlich ein Reh vor mein Auto – ich hatte keine Chance mehr, um auszuweichen. Das Auto kam ins Schleudern, aber die Bremse funktionierte nicht richtig. Deshalb gerieten wir auf die Gegenfahrbahn. Ein anderes Auto fuhr hinten auf – hinten aber saß meine Tochter, die zu diesem Zeitpunkt vier Monate alt war.

Wahrscheinlich löste die Wucht des Aufpralls eine Hirnblutung bei ihr aus. Sie ist eine Woche später gestorben. Wir haben gehofft und gebangt, aber bald zeigte sie keine Lebenszeichen mehr. Es konnte nur noch ihr Tod festgestellt werden. Für meine Frau und mich war es ein riesiger Schock und ein schwerer Schicksalsschlag. Wir waren wirklich ohnmächtig. So ein Ereignis stellt alles infrage. Du spielst den Tag, die Stunden, alle Minuten noch einmal durch. Was wäre gewesen, wenn! Nichts nützt etwas und du bist ganz allein mit deinen Gedanken und Schuldgefühlen. Hier hilft dir auch kein Ehepartner. Wer auf den Tod blickt, der tut es immer ganz allein. Das habe ich damals gelernt.

Zuhause erinnerte uns alles an unsere Tochter. Es war kaum auszuhalten. Obwohl unsere Tochter nur vier Monate werden durfte, hatte sie unser Leben schon sehr geprägt.

Wir konnten nicht bleiben, aber wollten auch nicht fort aus unserer gewohnten Umgebung. Deshalb griffen wir sofort zu, als in unserer Straße ein Haus zur Miete frei wurde.

Ich kann verraten, dass meine Ehe und Familie nicht an diesem Ereignis zerbrochen sind. Vielleicht liegt darin das größte Wunder, dass meine Frau und ich uns in dieser schweren Zeit nicht verloren haben. Bereits ein Jahr später kam mein erster Sohn auf die Welt. Es folgten die Geburten meines zweiten und dritten Sohnes. Wir bezogen 1998 ein dreistöckiges Haus im Landhausstil mit Garten in Reit im Winkl. Es war ein Traum und hatte einen offenen Kamin. Tatsächlich kam dann vier Jahre später noch unser vierter Sohn zur Welt.

Doch der Tod meiner Tochter machte mich zu einem anderen Menschen. Ich bekam panische Angst vor dem Autofahren und wagte mich nicht hinter das Steuer. Alles erinnerte mich an den schicksalshaften Sonntag. Dabei bedeutete es für mich alles, aufzutreten. Ich bestritt damit den Lebensunterhalt für unsere Familie. Es war unser Auskommen und Einkommen. Ich musste wieder auf die Bühne. Das merkte ich spätestens daran, dass meine Agentur ungeduldig wurde und mich ermahnte: »Takeo, so kann das nicht auf ewig weitergehen mit dir.« Ich hatte zu meinen Hochzeiten im Monat zwischen 15 und 18 Auftritte. Jedes Wochenende, Freitag, Samstag und sonntags sogar zwei. Für mich gab es keine Limits. Eigentlich war das auch später noch so: Ich weiß noch, wie traurig ich den

Jahrtausendwechsel erlebt habe: Ich war für eine große Millenniumsfeier gebucht und trat in einem feinen Grandhotel auf. Ich musste allerdings alleine anreisen und meine Familie in Reit im Winkl zurücklassen. Es war ein edles Event, aber ziemlich schnell waren alle Gäste betrunken. Als ich auftrat, interessierte das kaum jemanden. Das sind diese Abende, an denen du dich daran erinnern musst, dass es hier nicht um Kunst geht, sondern um deinen Job und Geld. Damals war ich plötzlich unfähig, auch nur zu einem Veranstaltungsort zu kommen. Was für ein Desaster!

Dabei ging es mir noch nicht einmal darum, unter Menschen zu kommen. Ich würde nie aus purer Lust zum Oktoberfest gehen. Ich brauche keine Feiern. Für das Oktoberfest bin ich engagiert worden, um aufzutreten. Deswegen war ich dort. Mein größtes Glück ist es zu jodeln und anderen Leuten damit eine Freude zu machen. Oder anders gesagt: Anderen Menschen eine Freude zu machen, macht mich glücklich. Aber wie sollte mir das gelingen, wenn ich selbst nicht glücklich war? Was nützt dir der beste Auftrittsort und das beste Publikum, wenn du nicht mit dem Herzen dabei bist?

In Japan gehört es zur Etikette, nach außen hin immer zu lächeln und den anderen gegenüber Glück zu zeigen. Das gilt auch, wenn man kein Glück empfindet. Das Lächeln gehört etwa zum Beruf der Verkäufer. Man kann sagen, es sei reine Fassade. Egal, wie anstrengend der Tag ist, wer lächelt und Glück ausdrückt, der gibt es an die Kunden weiter. Das beflügelt nicht nur die Menschen, sondern auch das Geschäft. Ist es nun etwas Künstliches?

Wenn ich auf der Bühne stehe, dann lächle ich natürlich auch und bin freundlich, auch wenn es mir schlecht geht. In dieser Zeit fiel es mir unglaublich schwer. Lächeln hat immer etwas mit Selbstkontrolle zutun. Man überdeckt die eigentlichen Emotionen. Das ist das Geheimnis des Lächelns in Japan. Man erkennt daran, wer einen starken Willen besitzt. Eben diesen hatte ich in der Zeit der Trauer vollständig verloren.

Bevor ich in meiner Erzählung weitergehe, möchte ich hier an dieser Stelle festhalten, was ich nach all den Jahren als wichtig und bedeutsam empfinde: Nie zu vergessen, dass unser Leben an einem dünnen Faden hängt. Er kann jederzeit reißen und du fällst in ein neues Leben rein, das du dir nicht ausgesucht hast, das dir unbekannt ist und das du womöglich nicht freiwillig führen würdest.

Als Sänger und Jodler bedeutet dünner Faden immer auch: Gesundheit. Irgendwann hatte ich die Situation, dass meine Stimme nicht mehr da war. Ich konnte einfach nicht mehr singen. Ich hatte eine unüberwindbare Blockade. Wie ich heute weiß, nennt man das Sängerknötchen. Das sind die Polypen an den Stimmbändern. Zum Glück musste ich nicht operiert werden, sondern konnte sie durch Übung und ein halbes Jahr Geduld heilen.

Maria Hellwig sagte mir: »Takeo, wenn du so weitersingst, dann wirst du immer Probleme mit Knötchen haben.« Sie verordnete mir etwas, das ich noch die bekommen hatte. Klassischen Gesangsunterricht. Heute ist nur meine Stimme weg, wenn ich erkältet bin. Aber mit Gesangsübungen habe ich sie über all die Jahre am Leben gehalten, ohne dass sie hörbar gealtert ist.

Glücklicherweise hatte ich hier Menschen, die auf mich geachtet haben und die aus Erfahrung empfohlen haben, was richtig war. Manchmal reicht eine schwere Entzündung und die Karriere ist aus. Man sollte immer darauf gefasst sein, dass sich alles ändern könnte. Jederzeit. Ich habe meine Tochter verloren. Das ist das Schlimmste, was einem passieren kann. Es gibt keine Steigerung für diese Trauer. Aber ich habe aus dieser Trauer wieder herausgefunden und konnte mein Leben weiterführen. Dafür bin ich unendlich dankbar.

Der neue Anfang und Franzl Lang

Ich quälte mich lange Wochen und Monate durch mein Leben, ohne noch daran zu glauben, je wieder normal auftreten zu können. Aber um Geld zu verdienen, musste ich nach Tübingen. Ich konnte das Engagement nicht ausschlagen. Es war der erste Auftritt nach dem Unfall und das Festzelt war voll bis zum letzten Platz. Ich wünschte mir heimlich die Beerdigung von Franz Josef Strauß zurück. Aus Trauer über seinen Tod wurden damals alle bevorstehenden Veranstaltungen abgesagt und auch einer meiner Auftritte war geplatzt. Doch nicht so in Tübingen.

Franzl Lang war auch da. Er wusste über alles Bescheid. In der BILD hatte es damals einen ausführlichen Bericht gegeben. Franzl kam in Tübingen einfach auf mich zu und sagte: »Takeo, mach langsam! Aber hab Mut, du musst zurück auf die Bühne. Hier gehörst du hin.«

Ich wusste in diesem Moment, dass er recht hatte. Er half mir, wieder stark zu werden. Die Bühne war nicht das Problem, sondern eine Lösung für mein Problem. Ich musste mich in die Arbeit stürzen und das bedeutete in erster Linie: auftreten. Für diese Einsicht bin ich ihm einmal mehr dankbar. Erst war er mein Idol gewesen, dann mein Mentor, zuletzt mein Freund. Ein Rat von ihm lag nie ganz daneben.

Aber Franzl Lang war auch mein Konkurrent. Das wurde uns beiden sehr bald bewusst. In dieser Zeit, in der ich auf die Bühne zurückkehrte, wusste ich, dass ich anders zurückkehren musste: selbstbewusst und selbstbestimmt. Es reichte nicht mehr wie zu Beginn meiner Karriere Franzl Langs Lieder nachzusingen. Ich empfand es als eine gewisse Art von Schmach, wenn ich heute zurückblicke, dass er mich darum bat, seine Lieder aus meinem Programm zu streichen, wenn wir beide am selben Abend auftraten. Es war in Ordnung für ihn, dass ich seine Hits sang, wenn ich alleine unterwegs war.

Aber gerade an Tagen, an denen wir gemeinsam auf der Bühne standen, wusste ich: Du hast nichts Eigenes zu präsentieren. Meine Auswahl war so reduziert, dass ich kein erstklassiges Programm bieten konnte. Einerseits reklamierte Franzl Lang teils Volksgut für sich und das zurecht, weil seine Interpretation so unschlagbar wegweisend war, teils fehlte es an guter Notenliteratur.

Bereits 1984 hatte ein österreichischer Komponist ein Lied für mich komponiert, meinen ersten eigenen Jodler, den »Jodelcasanova«. Es war ein großes Glück, dass ich mit diesem Titel auf der Bühne stehen durfte. In der Folgezeit kamen immer mehr neue und eigene Stücke von verschiedenen anderen Komponisten dazu.

Man konnte meinen, mit dem »Jodelcasanova« spielte ich meine Jugend gegen Lang aus. Aber es war nur eine einfache und gut vermarktbare Geschichte, die zu mir passte und den Leuten Spaß machte. Eigene Titel als Jodler zu bekommen, war der nächste Meilenstein neben den ersten Platten und der Anstellung im »Kuhstall«. Es ging trotz meines Schicksalsschlags bergauf. Auch wenn ich mich daran gewöhnen musste, vor meiner Trauer zu fliehen.

Wie immer floh ich auch hier: nach vorne. Meine Arbeit und die Auftritte halfen mir, mich von meinem Schmerz und schließlich auch von Franzl Lang zu emanzipieren. Ich habe bereits über meine Suche nach mir selbst geschrieben, über meinen Namen, über mich in den Konzerthallen. Aber jetzt wusste ich endlich, wohin ich wollte. Ich wollte kein zweiter Franzl Lang werden. Den brauchte es nicht. Der eine und unverwechselbare Lang reichte. Ich wollte meine eigene Musik machen und meinen eigenen Weg gehen. Musik, die mit mir, meiner Geschichte und meinem Denken eng verbunden war. Immer nur am Geländer gehen, fühlt sich sicher an, bringt dich aber nicht schnell genug voran.

Zehn Jahre später verstarb Langs eigener Sohn im Alter von 29 Jahren. Uns verband damit das schreckliche Los, die eigenen Kinder überlebt zu haben. Eine Situation, die niemand erleben möchte. Wir waren damit noch einmal mehr verbunden, wenn auch einsam und jeder für sich, mit seinem eigenen Schmerz.

Mit meinem großen Mentor Franzl Lang.

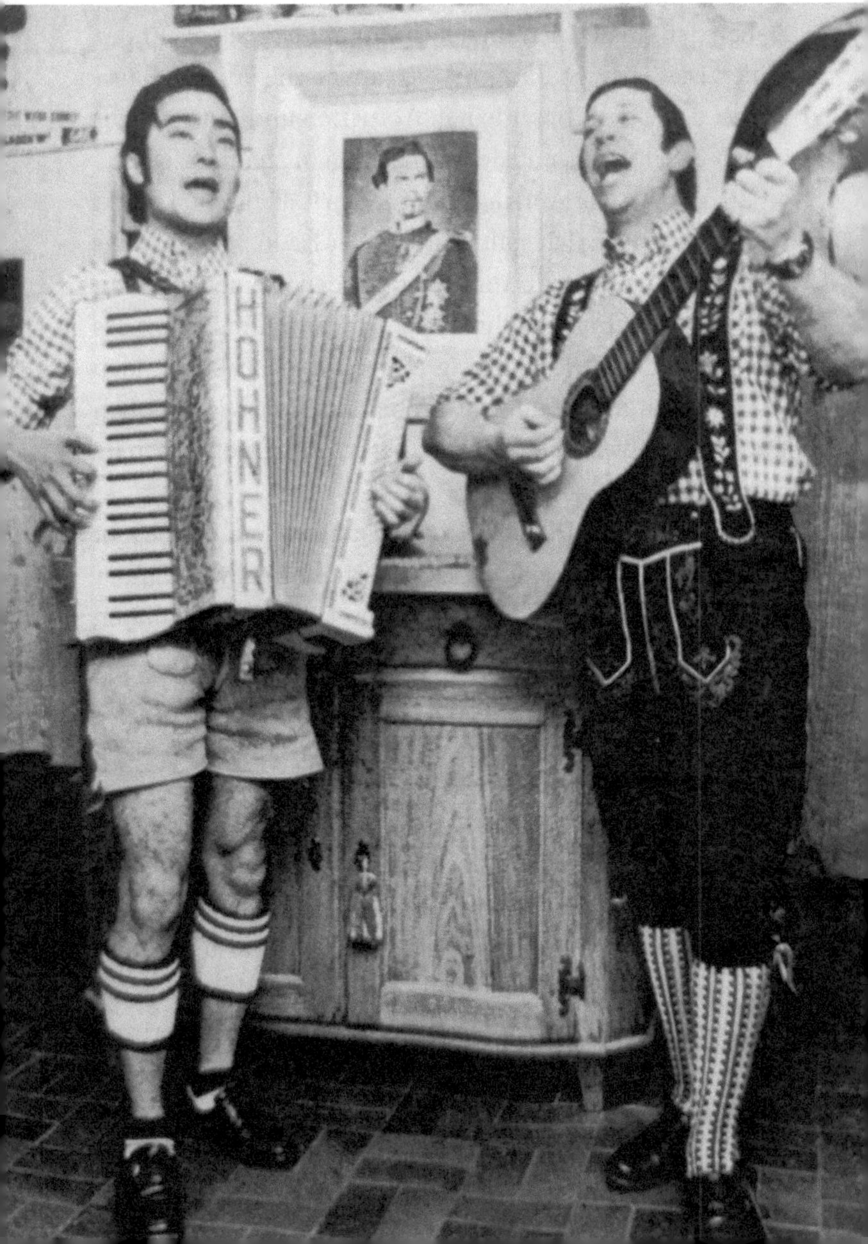

Als Botschafter

Neben der Musik verstand ich mich immer auch als Entertainer. Diese beiden Extreme, das Japanische und das Bayerische, das ich auch in meinen Auftritten und Musikvideos immer exzentrischer auslebte, machten mich interessant.

Ein großartiger Auftrag kam für den italienischen Markt von Müller Milch. Ich sollte Anfang der Neunzigerjahre das neue Werbegesicht für die Kinos werden. Gemeinsam mit meiner Frau fuhr ich deshalb nach Mailand zum Dreh. Alles war perfekt und der Auftrag einfach und nebenbei auch lukrativ. Da gab es nur ein Problem. Ich war inzwischen wohl zu alt geworden, denn zu dieser Zeit hatte ich bereits graue Haare.

Ich war genau dreißig Sekunden lang in dem Werbespot zu sehen und sollte eine kurze Lederhose tragen. Offenbar kannten mich die Produzenten von älteren Aufnahmen oder Platten. Als ich ins Besprechungszimmer kam, sagte man: »Sie haben ja graue Haare.«

»Ja«, entschuldigte ich mich. »Das ist Naturgrau.«

»So sehen Sie zu alt aus«, entgegnete man.

»Und was machen wir jetzt?«

»Schwarz färben, dann sehen Sie wieder jung aus! Das Gesicht ist noch ganz in Ordnung.«

Was für ein Kompliment! Das Problem war also leicht behoben und man färbte meine Haare kohlrabenschwarz. Statt weißer Kniestrümpfe wie bei den meisten Auftritten musste ich rote tragen. Dreißig Sekunden ging der Clip. Im Wesentlichen nahm ich einen Schluck aus dem Joghurt, wischte mir den Mund ab und fing, von der Energie des Joghurts beflügelt, an zu jodeln. In Italien lief der Werbespot ungefähr ein halbes Jahr lang im Kino. Das heißt, er hatte wohl sein Ziel erreicht. Natürlich war der Spot witzig gemeint und sehr überzeichnet. Aber trotzdem glaube ich, dass ich auch hier meine Botschaft platzieren konnte: Jodeln macht dein Leben besser!

Ich liebte das Fernsehen. Wegen meinen eigenen Produktionen, den Shows und der schlichten Tatsache, dass ein Jodler im Fernsehen jodeln kann. Wie gesagt, ich hatte die Erfahrung gemacht, dass die allermeisten einen Jodler erst mal sehen müssen, um dessen Virtuosität einordnen zu können. Vor allem bei den Öffentlich-Rechtlichen war ich bereits in der Kartei wegen meiner diversen Auftritte in Quiz- und Talkformaten.

Also kam man auf mich zu, als man 1995 für den Film »Japaner sind die besseren Liebhaber« noch einen solchen dringend brauchte. Ich sollte den Juniorchef einer japanischen Firma spielen, da der Schauspieler, der dafür vorgesehen war, plötzlich ausgefallen war. Vor dem Dreh stellte ich mich im Büro des Produzenten vor. Ich war es gewohnt zu zeigen, was ich konnte, also jodelte ich und führte einen Schuhplattler auf.

Er sah mich unbeeindruckt an und sagte: »Sie müssen eine ernste Rolle übernehmen und sollten einen Anzug tragen.« Natürlich war ich in Tracht gekommen. Er fragte also sicherheitshalber: »Haben Sie sowas?«

Als ich die Frage bejahte, bekam ich die Rolle und musste einen langen deutschen Satz sagen. Es war nicht sehr leicht für mich. Ich kann in vier Oktaven jodeln, ohne dass es mir schwerfällt, aber einen Satz auf einem Filmset natürlich, aber fehlerfrei aufzusagen – das war anstrengender als jedes Konzert. Regisseur Philipp Weinges hatte mich bewusst für die Rolle ausgesucht, schließlich sollte ich im Film aus Oberammergau kommen. Ein Japaner aus Bayern, eine Rolle, die mir auf den Leib geschrieben war. Wer hätte das sonst spielen sollen? Ich traute mich sogar, anzumerken, dass Oberammergau die falsche Stadt sei.

»Ich wohne in Reit im Winkl«, sagte ich. »Darf ich denn Reit im Winkl statt Oberammergau sagen?« Tatsächlich stimmte er zu.

Ich war mit der Zeit der bekannteste Japaner im Unterhaltungsbereich geworden und passte wunderbar auf Edelkomparsenrollen mit japanischem Einschlag. Es gab damals so gut wie keine japanischen Schauspieler in Deutschland, die die Sprache so gut beherrschten wie ich. Deshalb bekam ich dann auch später eine kleine Rolle im Krimi »Der Senkrechtstarter«.

Ich war jedes Quartal mindestens einmal im Fernsehen zu sehen, heute ist es mit ein bis zwei Auftritten im Jahr etwas ruhiger geworden. Meinen größter Auftrag bekam ich, als die olympischen Spiele in Nagano stattfanden.

Ich wurde 1998 in das ZDF-Sportstudio eingeladen, um über das japanische Olympia zu berichten. Olympia bedeutet ja auch, dass die Welt näher zusammenrückt, dass man etwas über Land und Leute erfährt. Das war meine Aufgabe. Aber was noch viel kurioser war: Vor jeder Sendung war ich als der jodelnde Japaner mit einem Gong im Vorspann zu sehen. Ich war so etwas wie der heimliche Botschafter, wenigstens so etwas wie das inoffizielle Maskottchen der Spiele.

Da die deutsche Mannschaft sehr erfolgreich war, wurde ich zur Abschlussfeier nach Nagano eingeladen. Es war für mich eine große Ehre, dabei zu sein. Aber wen repräsentierte ich eigentlich: die Deutschen oder die Japaner? Ich glaube, es ging den Veranstaltern darum zu zeigen, dass es ein festes Band zwischen beiden Nationen und Kulturen gab. Georg Hackl hatte damals in einem Interview in aller Öffentlichkeit gefragt, warum die Deutschen überhaupt einen jodelnden Japaner brauchen. Ich kannte die Antwort, auch wenn ich sie nie laut aussprechen würde: Die Deutschen brauchen keinen jodelnden Japaner – aber sie lieben Takeo Ischi!

Für Müller Milch wurden meine Haare wieder schwarz.

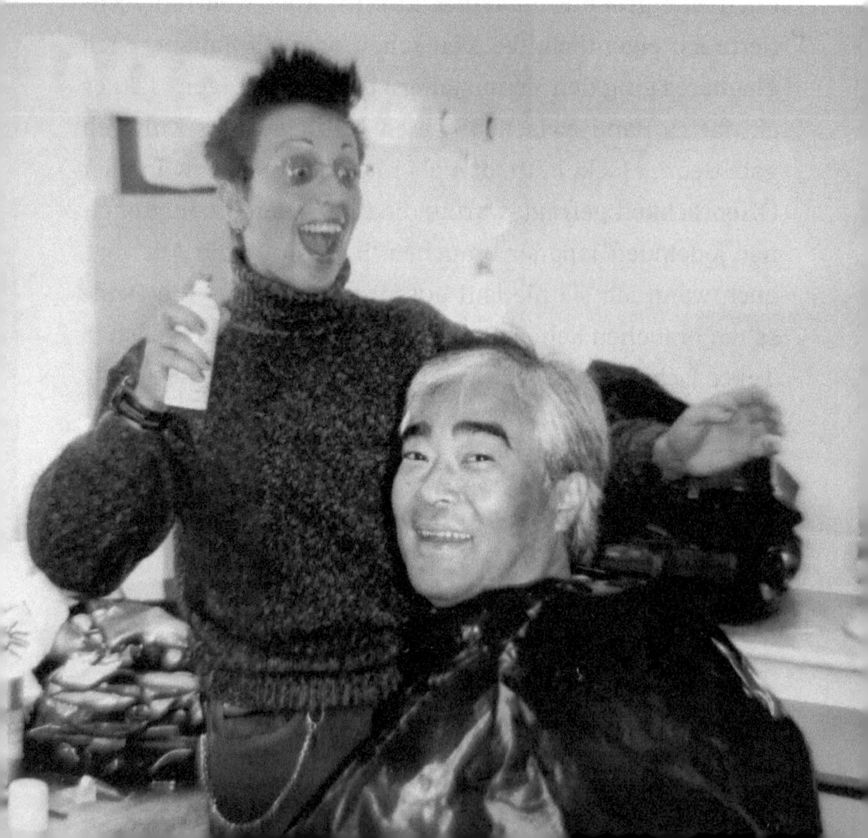

Zeit für Veränderung

Von den Siebziger- bis in die Neunzigerjahre waren volkstümliche Musiksendungen sehr gefragt im deutschen Fernsehen, vor allem in der Zeit vor dem Privatfernsehen. Wir standen in der ersten Reihe der Unterhaltung – durch alle Altersgruppen und Schichten.

Damals war die volkstümliche Musik noch ursprünglicher. Sie war noch nicht so sehr mit dem Genre Schlager verschmolzen, wie sie es heute ist. Volksmusik war Kunst, aber eben reine Handwerkskunst, Musik mit Traditionspflege. Es ging nicht darum, die Grenzen auszutesten und immer wieder Neues zu erfinden, sondern darum, das Gewohnte und Bewährte meisterhaft zu spielen. Handgemachte Musik, wie man sie seit Jahrhunderten gespielt hatte. In der Volksmusik werden Melodien und Lieder erneuert, weil sie in einer neuen Zeit gespielt werden. Man versucht aber nicht, die Stücke an einen Zeitgeist anzupassen. Die Hörer sollen sie wiedererkennen und sich an andere Zeiten erinnern dürfen. Sie sollen sich nicht bei jeder neuen Nummer fragen müssen, ob ihnen das Lied gefällt oder nicht.

Als sich das Fernsehen veränderte, hatte das großen Einfluss auf die volkstümliche Musik. Man wollte verstärkt auf ein jüngeres Publikum achten, etwas Innovatives bieten und nicht immer dieselben Stücke. Als sich das Fernsehen wandelte, verschwanden zuerst viele Sendeformate aus dem Programm, die für Musiker wie mich geschaffen waren. Ich glaube, dass sich immer verstärkt die Jüngeren von den Älteren abgrenzen wollten. Dafür war ein anderer Musikgeschmack ein sicherer Weg.

Trotzdem boomte die Volksmusik weiterhin und verschmolz dann tatsächlich mit dem volkstümlichen Schlager. Konzerte mit volkstümlicher Musik und Schlager waren gut besucht und ich habe nie das Gefühl gehabt, dass sich im Publikum jemand geärgert oder sogar gelangweilt hätte. Für Jugendliche von heute wird es kaum einen Unterschied geben, aber für mich war Schlager ganz weit weg von dem, wofür ich einst angetreten war. Ich wollte Menschen mit meiner Musik aus dem Alltag entführen in eine perfekte Welt. Dorthin, wo die Zeit stehen geblieben war. Der Schlager achtete dagegen sehr auf den Alltag der Menschen und griff seine Geschichten mitten aus dem Leben von heute auf. Ich war offen für alles. Der Grund dafür ist einfach: Jede Etappe auf meiner Lebensreise habe ich als große Bereicherung erfahren. Gerade dort, wo du dich entscheiden musst, ob es nach Nord oder Süd geht, wird es spannend.

1997 erschien meine erste Single-CD bei Rubin Records mit dem Titel »Bockwurst, Bier und Blasmusik«. Dieses Lied war wie gemacht für das Bierzelt und bestens zum Feiern geeignet. Mir war klar, dass die Zukunft für uns Musiker des Volkstümlichen in den Festzelten der Welt lag, nicht in den Plattenläden und im Fernsehen. Das Internet war damals noch weit weg. Ich hätte damals wahrscheinlich gesagt, dass meine Musik nicht fürs Internet gemacht ist. Das ist glücklicherweise ein eindeutiger Irrtum gewesen.

Meine Zusammenarbeit mit Rubin Records war der Auftakt für einen neuen Stil und meine Antwort auf die neuen Zeiten. Mit modernerem Sound und mit neuen Schlagern steuerten wir ein jüngeres Publikum an. Wie kann sich ein Jodelkünstler in der Popkultur halten? Viele Firmen und Händler setzten auf ganz andere Genres wie Rock und Pop, Rap und R&B. Sie hielten damals bereits den Schlager für tot.

Noch Ende der Neunziger entstand mein »New Bibi Hendl«, das im Jahr 2000 veröffentlicht wurde. Mit elektronischen Elementen war es deutlich moderner und härter als das Original. Es war schon immer tanzbar gewesen, aber jetzt ging es auch einem neuen Publikum unter die Haut. Es war etwas anderes gewohnt und meine Plattenfirma und ich wollten es ihm geben. Dieser Ansatz ging auf und ich fand noch in einer Zeit weitere Fans und Anhänger, als die gesamte Musikbranche, allen voran der Schlager, in eine Krise rutschte. Dieses Hühnergackern hatte nicht nur einmal meine Karriere vor dem Untergang bewahrt. »New Bibi Hendl« schickte mich, wenn man es mal mit Fußball vergleichen will, in die Verlängerung.

Der Start ins Millennium brachte mir weitere Engagements. Ich trat wie erwartet meistens in Festzelten auf und nicht mehr im Fernsehen. Ich kann es rückblickend deutlich sagen: Alles wurde komplizierter. Es gab einen Knick bei den Veranstaltern mit der Einführung des Euros. In Österreich sah es für uns Künstler ganz finster aus, denn dort mussten Konzertveranstalter Steuern zahlen, die ihren Umsatz extrem schmälerten, wenn sie Ausländer buchten. Das bedeutete: Sie bevorzugten einheimische Musiker. Für mich ging es nicht um Leben oder Tod, doch plötzlich musste ich und mit mir viele andere Musiker die Augen offenhalten, wo wir auftreten konnten. Ich spielte häufig im »Bayerischen Hof« in Inzell und kam so gut über die Runden.

Trotz schlechter Bedingungen, die wir in der volkstümlichen Musik und im Schlager hatten, habe ich niemals feststellen können, dass die Begeisterung meines Publikums in irgendeiner Weise abgenommen hätte. Was driftete da auseinander? Ich glaube, es war der Markt und die Menschen. Es wurde immer anspruchsvoller, mit Musik Geld zu verdienen. Gleichzeitig wollten die Menschen nie zuvor mehr Musik hören und konsumieren. Für mich gab es demnach nur einen Weg: weitermachen wie gehabt. Ich ließ mich nicht unterkriegen.

Meine CD »Importhit aus Japan«, 2003 bei Rubin Records erschienen, brachte es schon ganz gut auf den Punkt: Ich war bereits eingeführt bei den Leuten und hatte eine so große Bekanntheit, dass ich über mich selbst singen konnte: Takeo, der Importhit!

Zweifel und Zuversicht

Aber natürlich habe ich auch eine Zeit gehabt, da war ich mir sicher, dass meine Karriere bald zu Ende gehen würde. Die Zeiten ändern sich schnell und das Ansehen der volkstümlichen Musik hat sich sehr gewandelt. In den Bierzelten sind nach wie vor alle Generationen beisammen und feiern. In anderen Konzerten kann man aber schon beobachten, dass das Publikum älter geworden ist, besser gesagt: alt. Ende der Neunzigerjahre war das schon der Fall gewesen – was mich aber nicht störte und worüber ich mir nicht so sehr den Kopf zerbrach wie andere meiner Kollegen. Heute habe ich auch die 80 in Sichtweite und bin mit meinen Fans alt geworden. Wer selbst in die Jahre gekommen ist, der braucht sich nicht zu wundern, wenn es seinen Hörern genauso geht.

Zwischenzeitlich hatte ich sogar das Gefühl, dass es mit dem Jodeln zu Ende geht. Gab es noch Jugendliche, wie es sie in meiner Generation gab? Für die Jodeln die Königsdisziplin der Musik war? Wie alles in der Kultur lebt auch das Jodeln nicht vom Hören, sondern vom Tun. Wenn keiner mehr Jodeln lernen möchte, dann ist diese Kunstform verloren. Es wäre nicht die einzige, der es so ergangen ist. Gerade im Kunsthandwerk sieht man, dass es Disziplinen gibt, die keiner mehr pflegt und deren Tricks und Fertigkeiten nicht mehr weitergegeben werden. Hier wie beim Jodeln braucht es aber einen Lehrmeister. Letztlich haben mir die vielen Begegnungen mit talentierten Jodlern das Jodeln gelehrt, weniger die trockene Theorie aus Büchern. Das sagte mir ja bereits der Chef des Plattenladens, als ich 17 oder 18 Jahre alt war. Und ich kann jetzt, 60 Jahre später, dafür meine Hand ins Feuer legen. Suche dir einen Lehrmeister und du wirst lernen, was er selbst kann. Das heißt aber auch, dass wir gute Lehrer brauchen! Das habe ich mir durchaus überlegt und ich habe bereits geplant, bei mir zu Hause Jodelunterricht anzubieten.

Durch die Produktion von »New Bibi Hendl« und dadurch, dass der Titel so gut angekommen ist, hatte ich neue künstlerische Möglichkeiten. Insofern traf hier zu, was schon für meine erste LP galt. Kommerziell waren meine Platten nicht wichtig, aber sie eröffneten mir neue Perspektiven. Wäre ich mit meiner Arbeit in der Öffentlichkeit untergegangen, hätte ich wenigstens den ein oder anderen Hobbyjodler unterrichtet. So sollte es dann doch noch anders kommen.

Mir kommt es wie ein Wunder vor, dass es immer weiter ging mit dem Jodeln. Auch wenn ich nach wie vor aktiv bin, habe ich bis zur Rente und darüber hinaus gearbeitet. Ich war fleißig, wie man es über Menschen in anderen Berufen leichter sagen würde als über einen Jodelprofi. Davon profitiere ich am meisten. Mein Leben ist mir, abgesehen von unvorhergesehenen Veränderungen, über weite Strecken sicher gewesen. Man hätte mir alles nehmen können, doch das Jodeln nicht. Wer ein Talent bis zur letzten

Reife pflegt und ausbaut, ist im Alter ein reicher Mensch. Davon bin ich überzeugt. Ich habe viele Sänger und Schauspieler kennengelernt, die ihren Beruf wechseln mussten. Das ist eine Katastrophe: Wenn sich Künstler nicht ausleben können, werden sie unerträglich.

Nach so vielen Interviews und Shows auf der Bühne habe ich mir natürlich gedacht: Was wäre, wenn ich selbst Moderator werden würde? Dann könnte ich andere Künstler präsentieren, könnte auch dort auftreten, wo es keinen Jodler braucht. Diesen Traum musste ich schnell begraben. Es gehört einfach nicht zu meinen Stärken, so drauflloszusprechen. Wenn ich ein neues Lied lerne, brauche ich dafür eine lange Zeit. Wenn ich einen bestimmten Text sprechen soll, muss ich ihn genau im Kopf haben. Ich lerne lieber auswendig, als zu improvisieren. Aber wie soll ein Moderator alles vorab wissen, was auf der Bühne passieren wird? Moderation liegt mir nicht, auch wenn ich nie Nein gesagt hätte zu einer eigenen Show.

Warum erzähle ich das? Man muss irgendwann in seinem Leben ankommen und das heißt: wissen, was man kann – und das auch tun. Ich glaube, dass mein Leben, wie ich es bereits seit über 40 Jahren führe, perfekt für mich ist. Ich hatte nie das Problem, nicht zu wissen, was ich mit meiner Zeit anfangen sollte. Die Herausforderung meines Lebens, ja, meine Lebensaufgabe war es, nicht von meinem Weg abzukommen, den ich bereits sehr früh gefunden hatte. Ich bin ihn mit Zuversicht immer weitergegangen.

Die ein oder andere Rolle hatte ich gespielt, doch am liebsten und besten spielte ich mich selbst. Aus Anlass des 25. Jubiläums des Wintergartens in Berlin trat ich 2017 sieben Monate lang im Theater auf. In der »Sayonara-Revue« jodelte ich nicht nur, ich sang auch japanische Schlager. Ich war immer glücklich als Kunstfigur zwischen Bayern und Japan. In einer anspruchsvollen Theaterrevue aufzutreten, wo ich noch kurz davor im größten Zweifel lag – das war ein Fest für mich. Aber es sollte noch besser kommen!

Plötzlich YouTube-Star

2005 war ein Jahr, in dem ich großes und vor allem unverhofftes Glück hatte: Ein Unternehmen mit dem vielsagenden Namen YouTube ging an den Start. Eigentlich schockieren solche Innovationen erst einmal. Nachdem viele Plattenlabels und Musiker durch das Raubkopieren von CDs in Schieflage geraten waren, gab es da plötzlich eine Plattform, auf der anonyme User kurze Filme und Musik kostenlos hochluden. Urheberschutz auf Musik war eine große Erfindung, soweit ich weiß, sogar eine deutsche. Jetzt war auch das komplizierter geworden.

Später stellte sich heraus, dass nun endlich möglich wurde, wovon viele lange geträumt hatten. Raritäten und besondere Auftritte oder Singles wurden mit einer Suche auffindbar. Ich selbst bekam eine Sichtbarkeit, die ich auch in besten Jahren nicht hatte. Hunderttausendfach klickte man meine Lieder und Filme. Jodeln war nicht tot. Im Gegenteil: Wenn ich mit meinem neuen Sound von »New Bibi Hendl«, der sehr gut im Internet ankam, in die Verlängerung geschickt worden war, so bedeute YouTube ein echtes Elfmeterschießen.

Um was sollte es nochmal bei diesem Match gehen? Um nicht weniger als um die Rettung des Jodelns. Fast wäre ich als Privatlehrer für Jodelkunst in Reit im Winkl geendet. Dank YouTube erfülle ich meine Mission, junge Menschen neu fürs Jodeln zu begeistern. Zuvor war es schwer gewesen, fast unmöglich, Nachwuchs zu finden. Dann aber kamen viele durch meine Filme auf den Geschmack. YouTube gab mir die Chance, neu und unkompliziert in die Öffentlichkeit zu kommen. Ich wurde von einem traditionellen zu einem digitalen Jodler – weltweit lernen heute junge Leute das Jodeln vor ihren Bildschirmen. Als schüchterner Junge hätte ich auch am liebsten so das Jodeln gelernt: heimlich und alleine vor meinem Rechner und nicht in aller Öffentlichkeit im Gesangsverein.

Was bedeutete es, das Kulturgut Jodeln vor dem Aussterben zu retten? Jodeln musste wieder modern, interessant und vielleicht sogar sexy werden. Drei Brüder und die Ehefrau einer der Brüder, Content-Produzenten, Filmer und Musiker, wurden auf mein »New Bibi Hendl« aufmerksam und wollten mit mir einen Song und ein Video produzieren. Ich kann das Ergebnis vorwegnehmen. Die Gregory Brothers fragten während unseres Projekts ebenfalls danach, wie man Takeo Ischi anziehen müsste, damit er ein Superjodler werden würde. Sie haben mir meine Lederhose gelassen und mir nur einen Superheldenumhang umgehängt. Das sollte wohl ausreichen.

»Chicken Attack« wurde mein größter Erfolg, weil ich so viele junge Menschen erreichte wie nie zuvor. Die verrückte Geschichte dieses Lieds begann damit, dass sich Michael Gregory anfing, fürs Jodeln zu interessieren.

Auf dem Kanal Schmoyoho produziert und komponiert die Gruppe unterhaltsame YouTube-Clips. Sie nimmt etwa den Ton von Politikerreden und mixt sie so, dass diese zu Melodien passen. Sie hatte dabei auch bekannte Persönlichkeiten jodeln lassen. Während dieser Arbeit sah Michael »Bibi Hendl« und ließ sich zu seinem Lied »Chicken Attack« inspirieren.

Beim Musikclip zu »New Bibi Hendl« habe ich in der letzten Szene ein Huhn in der Hand, streichle es und lasse es zuletzt losflattern. Es fliegt ein paar Meter und landet sanft auf der Wiese. Die Viecher schaffen es so vier bis fünf Meter, das sollte auch für die Idee der Gregory Brothers reichen, die sich mit an diese Szene anschloss.

Die Produzentengruppe hatte die Chance bekommen, eine Tour durch sechs Länder zu machen: Australien, Vietnam, Korea, Philippinen, Mongolei und Japan. Sie trafen sich in jedem Land mit einem bekannten Künstler, um einen Song oder eine Filmszene aufzunehmen. In Tokio stand ich schließlich 2015 in einem original YouTube-Studio. Ich kann nicht so gut Englisch sprechen und war etwas unsicher, aber nach drei Stunden war alles im Kasten und ich war zurück im Hotel.

Am nächsten Tag sind wir in einen kleinen Ort gefahren. Am Rand stehen alte japanische Gebäude, die so aussehen, wie sich die Leute ein Samuraihaus vorstellen. Dort haben wir dann den Musikclip aufgenommen. Ich stand da in Tracht und mit Umhang und jodelte gegen das Böse an. Wenn ein schwarzer Ninja ein Verbrechen beging, tauchte ich auf, warf ein weißes Huhn jodelnd in die Luft und das

Huhn verwandelte sich in einen guten, unbezwingbaren Ninja.

Aber die Requisite hat ein sehr kränkliches Huhn besorgt. Es hatte viele Federn verloren und sah mir nicht gerade gesund aus. Als der Regisseur sagte, ich solle das Huhn werfen, brachte ich das nicht über mein Herz. Am Ende wäre es nicht richtig gelandet und hätte sich verletzt. Dann haben wir ein großes Sprungtuch vorbereitet, um eine sanfte Landung zu ermöglichen. Also warf ich es soweit ich konnte. Ein paar Versuche hat es gebraucht, bis die Regie zufrieden war. Aber immerhin: Das Huhn blieb unfallfrei.

Erst zwei Jahre später lief das Video auf YouTube. Innerhalb einer Woche hatte ich zwei Millionen Aufrufe. Schließlich war es gerade das chinesische Jahr des Huhns. Wenn die Leute etwas zum Thema Huhn gesucht haben, wurde ihnen direkt »Chicken Attack« angezeigt und vorgeschlagen. Das war eine großartige Kampagne. Nicht nur in China, sondern in ganz Asien, Korea, Philippinen, Vietnam und natürlich auch Japan hat man es gesehen. Da kam dann ein Radiointerview aus Japan, wo es um den viralen Hit ging. Ich wurde gefragt, ob ich damit gerechnet hatte. Ich konnte nur sagen: »Ich wusste, dass der Film gut war, aber ich hatte keine Vorstellung davon, wie viele Menschen sich dafür interessieren.« Zuletzt hatte das Lied über 25 Millionen Views.

Beim RBB Radio Berlin Brandenburg gab es eine Livesendung die ähnlich aufgebaut war wie der »Fernsehgarten«

vom ZDF, da habe ich »New Bibi Hendl« und ein japanisches Lied gesungen. Natürlich wollte jeder von mir »Chicken Attack« hören, aber das durfte ich nicht singen. Gerne schaue ich mir heute noch die Kommentare an, die unter dem Video gepostet werden.

Es rührt mich, wenn hier Menschen schreiben: »Wenn ich sterbe, möchte ich mit diesem Lied beerdigt werden.« Natürlich handelt es sich um Comedy, aber das Lied ist deswegen so brillant, weil es auch eine ernste Seite hat. Es geht um die »Power of Nature«, die im Jodeln unter meine Kontrolle kommt. Eben dieses Gefühl ist jedem echten Jodler vertraut. Dieser Clip hatte eine große Nachwirkung. Noch 2019 wurde ich zum Megaport-Festival nach Taiwan eingeladen, um hier erlaubterweise »Chicken Attack« live zu singen – mit der im asiatischen Raum sehr bekannten Heavy Metal-Band Chthonic. In Taiwan gab ich auch ein 45-minütiges Solokonzert vor Tausenden begeisterten Teenies und noch im selben Jahr trat ich als Stargast bei der ersten Anime-Convention in Salzburg auf. Für mich waren das völlig neue Szenen und Erfahrungen. Aber es fühlte sich richtig und gut an.

Ich war wieder für das Fernsehen interessant geworden. Hier war es weniger der jodelnde Japaner als der lang gediente Jodler, der es den Leuten angetan hat. Ich war in der TV-Quiz-Show »Les Grosses Têtes« bei France2 in Paris zu sehen, im Comedy Central bei »Der Comedy Roadtrip«, in der ARD TV-Show »Gottschalk holt's nach« als

Juror und als Special Guest trat ich auf in der Game-Show »The Mole« (der Maulwurf) im belgischen Sender GoTV.

Ich produzierte mit den Gregory Brothers mehrere Songs mit mir als Helden: »Chicken Pig Attack«, »Rat Attack« und »Cow Attack«: »Hoch in den friedlichen Alpen treffen Jodelmeister Takeo Ischi und seine geliebte Freundin Heidi auf eine Gruppe furchterregender Feinde«, heißt es hier. Wir konnten wegen der Corona-Pandemie keinen Film aufnehmen, also beschlossen die Gregory Brothers ein Anime zu produzieren. Takeo als Anime kam so gut an, dass man mich inzwischen in der Cosplay-Szene als Figur findet. Es geht mir nicht um Eitelkeiten, sondern um die Tatsache: Wenn mich junge Menschen gut finden, dann kommen sie mit dem Jodeln in Berührung. Es war auch mit der Zusammenarbeit so wie immer in meiner Karriere. Es gab keine Eintagsfliegen. 2022 wurde der Animationsfilm von »Cow Attack« für die Online-Filmfestspiele in Toronto, Kanada, nominiert. Obwohl er nicht weiter als bis zur Nominierung kam, ließen es sich die Veranstalter nicht nehmen, mich um einen Jodelauftritt auf der Verleihungsgala zu bitten.

Mit dem Umweg über die USA und YouTube habe ich – so scheint es mir – nochmals das Jodeln für einige interessanter gemacht. Als ich im letzten Jahr mit meinem eigenen Kanal auf TikTok gegangen bin, hat sich das bestätigt. Für die Jugendlichen ist es völlig überraschend gewesen, dass ich aus Bayern zu ihnen spreche. Sie hielten mich für einen gewöhnlichen Japaner und nicht für einen Wahlbayern mit japanischem Hintergrund. Es tut mir gut, dass meine Nationalität bei den Jugendlichen letztlich egal ist. Was für sie zählt, ist der Unterhaltungswert und der ist, nach dem Feedback, das ich bekomme, sensationell gut.

Dabei geht es nicht um schnelle Unterhaltung und um Comedy, sondern um »30 Sekunden, das Jodeln zu lernen« und um große Kompositionen wie den »Toggenburger Jodler«, der bereits millionenfache Aufrufe ausweist. Das Jodeln lebt, auch in der digitalen Welt. Auch bei der nächsten Generation! Ob dadurch wenigstens ein echter Jodler inspiriert wird, ist nicht klar. Aber ich hoffe, dass ich ein kleines bisschen dazu beitragen konnte, Jodeln wieder spannend zu machen.

Jodelkurs für die Gregory Brothers: Michael, Andrew, Sarah, Evan.

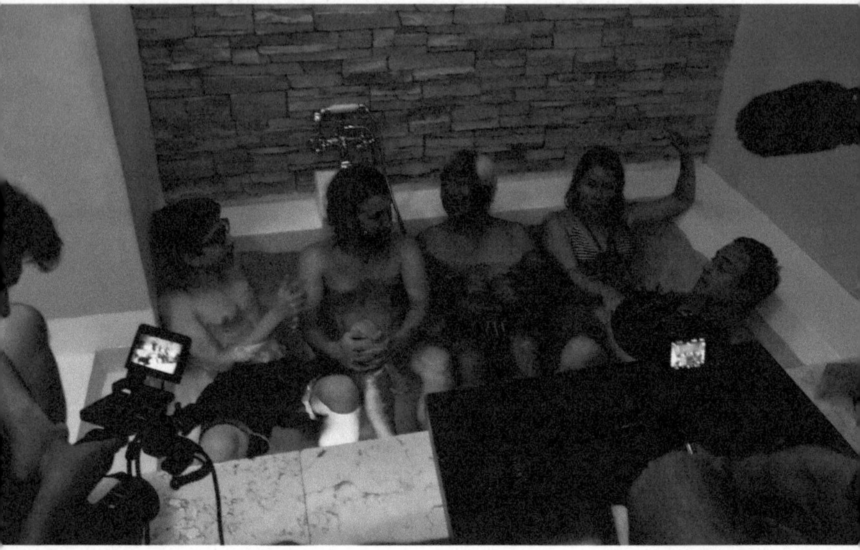

Jodeln im traurigen Land des Lächelns

»Chicken Attack« war sicher eines der wichtigsten Lieder der letzten Jahre, wenn es um eine breite Wirkung ging. Mein wichtigstes Konzert der letzten Jahre hatte ich auf japanischem Boden, und zwar in einer Zeit, in der niemand mehr nach Japan reisen wollte, weil die Reaktorkatastrophe von Fukushima überall Angst und Schrecken verbreitete.

In Sendai findet regelmäßig ein bayerisches Oktoberfest statt. Aber nach dem Reaktorunglück 2011 war es schwierig für die Betreiber geworden, geeignete Künstler zu finden. Niemand mochte mehr dort auftreten. Aus irgendeinem Grund kam man dann auf mich zu sprechen.

Ich erhielt den Anruf eines guten Freundes, der mich fragte, ob ich es mir vorstellen könne, in kleiner Besetzung nach Sendai zu kommen. Ich musste nicht lange nachdenken und sagte: »Ich komme auf jeden Fall!« Die Musiker, die als Begleitung für mich infrage kamen, waren alle terminlich bereits eingespannt, weshalb ich mich in Reit im Winkl auf die Suche machte. Ich ging im wahrsten Sinne des Wortes auf die Straße und sammelte sie einen nach dem anderen ein. Diese Männer sagten alle: »Für Takeo fliegen wir nach Japan! Auch wenn die Welt untergeht!« Ich gab ihnen den Namen »Die Dreiwinkler«. Unser Quartett gab es für volle zwei Wochen, denn für diese Zeit waren wir in Sendai fest engagiert. Als wir mit dem Flugzeug in Tokio landeten, konnte ich sofort erkennen, wie sehr sich die Stadt inzwischen verändert hatte. Ich war lange nicht mehr dort gewesen – jetzt gab es noch mehr Wolkenkratzer, die eine unglaubliche Höhe erreichten. Tokio hatte wieder sein Gesicht verändert und war nun wirklich die Megacity, die sich in meiner Kindheit noch niemand hätte vorstellen können. Das Grün war einem Straßengrau gewichen und überall gab es digitale Anzeigen.

Auf dem Oktoberfest in Sendai gab es ein einziges Festzelt, in das ungefähr 2.000 Menschen passten. Im Jahr der Reaktorkatastrophe blieben die Touristen größtenteils weg, sodass es deutlich weniger Besucher waren als in anderen Jahren. Trotzdem sorgte man für volles Programm. Es wurden zehn Biersorten aus Deutschland importiert. Eine Maß kostete damals mit 15 Euro mehr als auf dem Münchner Oktoberfest.

Es war beeindruckend, das Publikum zu beobachten, das fröhlich und ausgelassen war. Für viele war das die Gelegenheit, endlich einmal die immer noch schwelende Katastrophe zu vergessen. In einer Zeit, die von ihr überschattet war, brachte ich durch das Jodeln Freude in die Welt und half vielleicht ein kleines bisschen, über das Unglück hinwegzutrösten. Wegen solcher Erlebnisse sage ich mir regelmäßig: »Gott sei Dank kann ich jodeln!«

Dreimal am Tag standen wir auf der Bühne und spielten jeweils neun Stücke. Zehn Tage unterhielten wir die Leute und sorgten für gute Stimmung. Das waren für mich persönlich zehn sehr wertvolle Tage, denn es ging nicht nur darum, dass im Festzelt das Bier in rauen Mengen floss. Wir alle hatten das Gefühl, dass es in diesem Jahr in Sendai um mehr ging. Wir wollten die Japaner nicht alleine lassen mit ihrem Leid und wir wollten alle etwas dagegen tun. Jeder auf seine Weise – und meine hieß: Jodeln.

Ich bin davon überzeugt, dass jeder im Leben seine Aufgabe hat, die er möglichst schnell entdecken sollte. Es spielt keine Rolle, ob du handwerklich begabt bist, Professor oder Kassiererin. Mach das, was du gut kannst, und du wirst glücklich werden. Alle gemeinsam sind wir für eine gemeinsame Anstrengung da: Die Welt zu einem lebenswerten und glücklichen Planeten zu machen. Es klingt nach einem sehr hohen Anspruch. Aber warum sollten wir uns mit weniger zufriedengeben?

Jodelseele

Es gibt zwei Arten des Jodelns. Eine davon ist auf Comedy ausgelegt und lustig wie kaum eine andere Musikeinlage. Hier muss ich an den berühmten »Auto-Jodler« von Franzl Lang denken, bei dem er ein Duett mit der Autohupe jodelt. Ich habe solche Showeinlagen oft selbst gemacht. Zuletzt für Bully Herbigs Show »Last one Laughing«. Ich sollte als Überraschungsjodler die Teilnehmer der Show zum Lachen bringen. Und wer lacht, der hat verloren. So eine Nummer ist natürlich nur lustig, wenn sie technisch perfekt sitzt. Die Überraschung ist kaum zu übertreffen, wenn inmitten einer komischen Situation einer zu jodeln anfängt. Jodeln ist Instrumentalmusik, braucht aber Sprache. Was hat sie dir zu sagen? Comedy-Jodeln ist immer wie ein Kommentar auf eine Situation, es sagt so viel und doch so wenig!

Es gibt daneben auch eine ernste Form des Jodelns, bei der es um den Einklang mit der Natur und der Tradition geht. Ich habe festgestellt, dass man auch als japanischer Jodler in den Alpen sehr gut akzeptiert wird, wenn man seine Sache ernst nimmt und den Gesang nicht kitschig rüberbringt. Das Wichtigste: der Tradition mit Respekt gegenübertreten.

Jodeln verbreitet hier weit mehr als nur Fröhlichkeit. Wenn ich einen Schweizer Naturjodler höre, dann schwingt hier eine echte Seele mit, innere Zufriedenheit und Ausgeglichenheit. Ich bin davon überzeugt, dass sich alle Menschen, die naturjodeln, auf eine gewisse Art und

Weise groß und gleichzeitig auch sicher fühlen, weil sie sich beim Jodeln auf eine einzigartige Weise mit dieser Seele, die in der Musik liegt, verbinden. Es bedarf einer hohen Konzentration, die sich geradezu meditativ anfühlt. Ich bin kein gläubiger Mensch, aber ich kann sehr gut verstehen, dass viele Schweizer im Naturjodeln etwas geradezu Spirituelles sehen. Nicht umsonst gibt es in der Schweiz die sogenannten Jodlergottesdienste. In der Nähe zur Natur wird eben auch Gott spürbar.

Ich habe das Jodeln angefangen, weil ich so fasziniert von dem Klang war. Als ich den ersten Schweizer Jodler in Tokio erlebt habe, hatte ich danach Gänsehaut am ganzen Körper. Für mich drückt das Jodeln die unglaubliche Kraft der menschlichen Stimme aus. Jodeln bedeutet, fasziniert und erstaunt über die vielen Möglichkeiten zu sein, die sich dem Menschen eröffnen.

Der Mensch kann nicht nur normal singen, sondern auch wie ein Instrument oder ein anderes Lebewesen. Tiere können ihre Stimme nicht so variabel einsetzen wie der Mensch. Man könnte sagen: Das ist ein großes Geschenk von Gott, durch das wir ein Teil der Natur werden können. Viele Philosophen haben gesagt: Der Mensch ist Mensch, weil er vernunftbegabt ist. Ich sage: Der Mensch ist Mensch, weil er singen und jodeln kann!

Der Kehlkopf des Menschen ist ein regelrechtes Wunderorgan. Ob schnell oder langsam, hoch oder tief oder geradezu akrobatisch – wir haben viele verschiedene

Möglichkeiten mit unserer Stimme. Wenn man seine Stimme gut beherrscht und alle Möglichkeiten auszuschöpfen versteht, dann lernt man sie ganz neu kennen.

Für mich bedeutet der Obertongesang jedes Mal ein magisches Gefühl., wenn zu meiner normalen Stimme einzelne Naturtöne erklingen. Wie aus dem Nichts entsteht eine Zweistimmigkeit. Man kennt es vor allem von den Mongolen oder den Inuit, aber es gibt auch eine Tradition im Westen. Es ist eine große Kunstform, die ebenfalls nicht in Vergessenheit geraten sollte wie das Jodeln.

Mit Bully Herbig nach meinem Einsatz bei »Last one Laughing«.

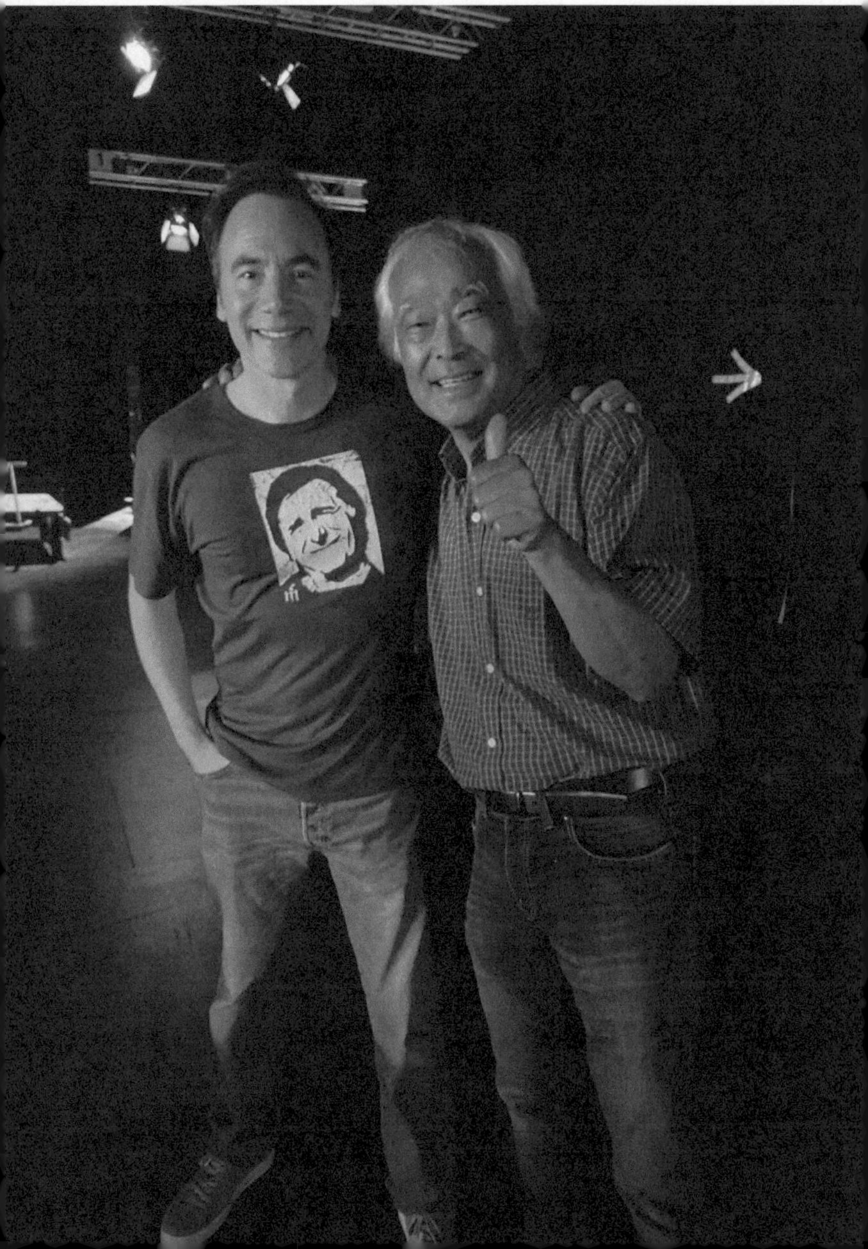

Geduld – Ordnung – Glück

Diese drei Dinge sind mir so wichtig im Leben, weil sie mich mein Leben lang begleitet haben.

Wenn man mich fragt, welche Eigenschaft mich ganz besonders auszeichnet, dann antworte ich: meine Geduld. Ohne Geduld kann man nichts erreichen. Geduld und der nötige Fließ bringen einen ans Ziel.

Ich habe immer sehr viel geübt und war sehr ausdauernd. Üben hat mich sehr viel Zeit gekostet, besonders damals, als ich vieles noch nicht verstand. Aber ich bin drangeblieben und der Aufwand hat sich gelohnt. Ich habe wieder und immer wieder meine Übungen gemacht und alles ständig wiederholt. Schritt für Schritt habe ich kleine Ziele erreicht und dann ging es weiter in die nächste Stufe. Ohne Geduld geht es nicht, denn dann neigt man dazu, die kleinen Ziele überspringen zu wollen. Das Ergebnis: Man fällt auf die Nase. Gerade beim Gesang ist das so. Dein Körper muss die Bewegungen und Emotionen abspeichern, um sie später sauber und fehlerfrei wiederzugeben. Unser Körper besitzt ein Gedächtnis und es gibt auch ein Gedächtnis fürs Jodeln.

Eines meiner kleinen Ziele bestand darin, Jodeln zu lernen. In meinen allerersten Anfängen hätte ich nicht einmal das für möglich gehalten, einmal perfekt jodeln zu können.

Geduld ist aber keine Sache der Vergangenheit: Heute weiß ich, dass ich geduldig sein und üben muss, um meine

Fähigkeiten am Leben zu erhalten. Als ich einmal auf der Bühne war und abging, kam ein älterer Herr zu mir, der meinte, er konnte früher sehr gut jodeln. Mindestens so gut wie ich. Aber dann brachte er keinen Jodelschlag mehr raus und konnte keinen Jodelschlag mehr mit der Stimme erzeugen. Die Erklärung ist recht einfach: Wenn man nicht übt, dann bildet sich die Stimme wieder zurück. Für mich bedeutet das: Wenn ich keine Auftritte habe, dann nehme ich mir zwei- bis dreimal die Woche eine Stunde zum Üben. Jeden Tag, wenn ich Lust bekomme, gehe ich ins Studio. Das ist eine alte Saunaanlage in meinem Keller. Hier schließe ich mich ein und niemand hört mich mehr. Da kann ich sogar in der Nacht üben.

Ich setze mich wie ein Schüler ans Keyboard und mache Gesangsübungen, eine Tonleiter nach der anderen. Ich fange damit an, meine Kopfstimme zu trainieren und dann das Jodeln. Wenn man älter wird, verändert sich der Stimmklang stark. Mit dem Alter kann es sein, dass aus einer klaren Lage eine kratzige Opastimme wird. Bislang habe ich das mit Übungen und Training im Griff behalten. So wie auch beim Sport heißt es beim Jodeln: Training hält fit und jung.

Wenn etwas unmöglich scheint, möchte ich es durch Technik und Übung erreichen. Dann übe ich so lange, bis ich das schaffe. Studierte Musiker müssen alles perfekt machen, Tempo, Ton und Klang. Bei mir ist das anders. Jodeln hat bei mir als Hobby angefangen. Da war es egal, wenn es ein bisschen schief klang. Es machte mir einfach Freude. Diesen Gedanken habe ich mir beibehalten.

Zufrieden macht mich gutes Essen – deshalb habe ich auch eine Köchin geheiratet! Zufrieden macht mich aber auch Ordnung, denn ich möchte wissen, wo ich meine Sachen schnell finden kann, sonst bekomme ich schlechte Laune. Deshalb habe ich mein Arbeitszimmer in zwei Teile geteilt: einmal in einen Teil, in dem sich die Dinge befinden, die ich jeden Tag brauche, und einmal in den Teil, in dem ich die Dinge aufbewahre, die wir mit Erinnerungen in Verbindung bringen. Es macht mir Spaß, Dinge zur sortieren. Schon als Kind habe ich in der Nudelmaschinenfabrik meines Vaters gerne verschiedene Metalle sortiert.

Früher, als ich dauerhaft auf Tournee war, habe ich meinen Tag streng durchorganisiert. Oft bin ich dann schon um fünf Uhr aufgestanden und habe mich ins Auto gesetzt, um nach Frankfurt oder nach Hamburg zu fahren. Für mich war das alles nie ein Problem, weil ich ein Mensch bin, der nicht regelmäßig schlafen muss. Ich wäre ein idealer Feuerwehrmann, denn ich kann zu jeder Zeit problemlos aufstehen. Selbst wenn ich spät ins Bett gehe, kann ich früh aufstehen. Das ist eine Eigenschaft, die ich von meinem Vater geerbt habe.

Einmal fragte ich ihn: »Wieso schläfst du eigentlich so wenig?« Er entgegnete dann: »Weißt du, was Napoleon gemacht hat? Er hat nur drei Stunden die Nacht geschlafen.« Ich bewunderte meinen Vater immer für diese Eigenschaft, bis ich eines Tages bemerkte: Ich bin auch so wie er. Auch das hat mit Ordnung zu tun. Wenn alles in deinem Kopf geordnet ist, kannst du einschlafen. Wenn du deinen ganzen Ballast mit dir herumträgst, beschäftigt er dich vor allem dann, wenn du eigentlich loslassen und einschlafen willst.

Zuletzt geht es mir im Leben um Glück. Glücklichsein bedeutet in Japan nicht nur, Positives zu empfangen, sondern dies auch auszustrahlen. Strahlst du Positives aus, wirst du es auch eher empfangen. Ich mache diese Erfahrung fast täglich.

Geduld, innere Ordnung und Glück! Anderen Menschen eine Freude zu bereiten, indem ich Dinge tue, die mich selbst glücklich machen. Ob es nun Jodeln, Kochen, Backen oder etwas Handwerkliches ist – wenn ich etwas für das Glück anderer tun kann, erfüllt mich das. Aber das größte Glück empfinde ich, wenn ich sehe, dass andere Freude an meinem Jodelgesang empfinden. Das war von Anfang an so und wird bis zu meinem letzten Jodelschlag so bleiben. Und vielleicht werde ich dann auch nicht nur als irgendein »jodelnder Japaner« in Erinnerung bleiben, sondern als Takeo Ischi, der Meisterjodler aus Japan!

Dank

Mein besonderer Dank gilt Matthias Slunitschek und Tobias Prasser vom Molino Verlag, die es mir ermöglicht haben, meinen langjährig gehegten Traum umzusetzen. Es war immer mein Wunsch, dass jemand die Geschichte meines interessanten Lebens niederschreibt.

Ich bedanke mich bei meiner Frau Henriette und meinen Söhnen Michael, Andreas, Maximilian und Lukas, die mich bei der Umsetzung dieses Projekts mit aller Kraft unterstützt haben.

Ebenfalls danke an Andreas Ratzka & Andreas Wöber von Rubin Records, mit denen ich seit vielen Jahren in der Verlängerung und im Elfmeterschießen meiner Jodelkarriere stehe. Sie sind für mich mittlerweile gute Freunde bzw. vielmehr ein Teil meiner Familie geworden.

Und last but not least 1000 Dank an meine Fans, die mir seit so vielen Jahren die Treue halten und deren Applaus mich immer wieder ermutigt, weiter zu jodeln.